dtv

Was man von der Liebe erhofft und fürchtet – ihre so verschiedenen Gesichter beschreiben Aleksandar Tišma, Peter Høeg, Antonio Tabucchi und Gustaw Herling in diesen Geschichten.

Zufallsbegegnungen erweisen sich als schicksalhaft, schreckliche Geheimnisse verbergen sich hinter schönen Fassaden, Ereignisse und Personen scheinen austauschbar zu werden, denn hätte man nicht neben seinem tatsächlichen Leben genauso gut ein ganz anderes führen können?

Peter Høeg, 1957 in Kopenhagen geboren, lebt in Dänemark und Afrika.
Gustaw Herling, 1917 in Kielce (Polen) geboren, lebt in Italien.
Antonio Tabucchi, 1943 bei Pisa geboren, lebt in Genua und Vecchiano.
Aleksandar Tišma, 1924 in Horgos (Nordjugoslawien) geboren, lebt in Novi Sad.

Peter Høeg
Gustaw Herling
Antonio Tabucchi
Aleksandar Tišma

Die Liebenden einer Nacht

Deutscher Taschenbuch Verlag

Von Antonio Tabucchi
sind im Deutschen Taschenbuch Verlag erschienen:
Kleine Mißverständnisse ohne Bedeutung (10965)
Der kleine Gatsby (11051)
Indisches Nachtstück (11952)
Der Rand des Horizonts (12302)

Von Aleksandar Tišma
sind im Deutschen Taschenbuch Verlag erschienen:
Der Gebrauch des Menschen (11958)
Die Schule der Gottlosigkeit (12138)

Ungekürzte Ausgabe
April 1997
Deutscher Taschenbuch Verlag GmbH & Co. KG,
München

Umschlagkonzept: Balk & Brumshagen
Umschlagbild: ›Der Kuß‹ von Gustav Klimt
Gesamtherstellung: C. H. Beck'sche Buchdruckerei,
Nördlingen
Gedruckt auf säurefreiem, chlorfrei gebleichtem Papier
Printed in Germany · ISBN 3-423-20011-1

Inhalt

Peter Høeg

Hommage à Bournonville
11

Urteil in Sachen Gerichtspräsident
Ignatio Landstad Rasker
57

Gustaw Herling

Das venezianische Porträt
109

Antonio Tabucchi

Hoppe hoppe Reiter
155

Aleksandar Tišma

Die wir lieben
177

Quellenverzeichnis
208

Peter Høeg

Hommage à Bournonville

»Mechanismus und Anstrengung durch harmonische Ruhe zu verbergen ist der Höhepunkt der Kunstfertigkeit.«
August Antoine Bournonville in »Mein Theaterleben«

Es war der 19. März 1929, zu Beginn der sechsundzwanzigsten Nacht des Ramadan, der Nacht, in der Allah den Koran vom Himmel auf die Erde sandte, und im Hafen von Lissabon, unterhalb der Altstadt Alfama, waren zwei junge Männer jetzt in jeder Hinsicht am Ende ihres Weges angelangt.

Sie saßen an Deck eines jener kleinen Segelboote, die man südlich vom Horn von Afrika »meli« nennt und die nichts in Lissabon zu suchen haben, da ihr Segel für einen anderen Wind und ihr Rumpf für andere Wellen gemacht ist, zudem hatte das Boot ein kleineres Leck und hing in den Vertäuungen, als sei es von dem eingedrungenen Salzwasser berauscht oder als werde es durch die Verzweiflung über die beiden Segler zum Meeresgrund gezogen.

Sie waren von einem kleinen Holzkohlenfeuer beleuchtet, das zwischen ihnen auf einer Metallplatte glühte. Sie hatten lange gehungert, und der eine von ihnen, der aufrecht im Schneidersitz dasaß, war nun so mager, daß sein nackter Oberkörper nur noch aus Knochenhebeln und den sie bewegenden dünnen

Muskelschnüren zu bestehen schien. Er trug einen Turban aus weißer Wolle, in seinem Gesicht vereinten sich afrikanische und orientalische Züge und eine Reihe von Eigenschaften, die einzeln genommen ätzend und explosiv gewesen wären, zu einer harmonischen Mischung. Sein Name war Rumi, und er war Mönch im islamischen Mewlewi-Orden.

Sein Reisegefährte war zweifellos einmal kräftig gewesen, doch auch ihm hatte der Hunger hart zugesetzt. Auch wenn er, wie jetzt, bequem ausgestreckt ruhte, mußte er oft die Stellung wechseln, um nicht auf seinen heraussstehenden Knochen liegen zu müssen. Sein Name war Jakob Natten, und er war einmal Tänzer am Königlichen Theater in Kopenhagen gewesen.

Die Ruhe der beiden Männer hatte etwas Selbstverständliches, ein Betrachter hätte das ramponierte Boot leicht übersehen und meinen können, da säßen zwei Seeleute, die ihren Frieden, viel Zeit und einleuchtende Gründe für ihr Hiersein hätten. In Wirklichkeit aber verhielt es sich so, daß keiner der beiden Segel setzen oder einen Kurs hätte abstecken können. Beide wußten, daß sie in dieser Nacht mit geborgter Zeit lebten, und wunderten sich so sehr über ihr eigenes Dasein, daß nicht einmal der Mohammedaner hätte sagen können, ob sie zu ihrem eigenen und zum Besten der Welt in Lissabon gelandet waren oder ob ein Engel irgendwo im All ausgerechnet ihre Papiere verlegt hatte.

Sie waren sich ein halbes Jahr zuvor in Olorose auf Sardinien begegnet. Als die Carabinieri des italienischen Faschismus über diese Stadt herfielen, hätten sie mit den Freiheitskämpfern ins Maquis hinaufgehen können, statt dessen aber segelten sie weiter. Da begannen sie zu begreifen, daß ihre Heimatlosigkeit vielleicht nicht im Raum, sondern in der Zeit lag. Daß sie vielleicht in einem anderen Jahrhundert zu Hause waren als in dem, in das sie hineingeboren worden waren. Seitdem hatten sie sich zusammen so weit auf den Rand der Gesellschaft zubewegt, daß sie nun an dem Punkt angelangt waren, wo das Leben aufhört und etwas anderes beginnt. Doch selbst hier war noch zu sehen, daß sie sich einmal in der Mitte befunden hatten, beide trugen über ihrer Unterernährung eine gemeinsame, abgeblätterte Würde, niemand konnte im Zweifel sein, daß die Glut zwei heruntergekommene Wunderkinder beleuchtete.

Über Rumi und seine Jugend gehen noch immer übertriebene Gerüchte um, obwohl die Wahrheit, heute wie damals, durchaus ausreicht: Er wurde am türkischen Hauptsitz des Mewlewi-Ordens in Konya erzogen. Mit fünf Jahren konnte er den Koran auswendig und wurde nach Mekka gebracht, wo er auf dem Platz vor der Kaaba fünf Tage und fünf Nächte lang vor den Gläubigen zweimal das Heilige Buch rezitierte und nur einmal eine ganz kurze Pause machte, um zu trinken. Als er zwanzig Jahre alt war, hatte er in den heiligen Zirkeltänzen einen solchen Kontakt zu Allah erreicht, daß er jederzeit seine Entrückung ins Paradies erwartete. Zwei Jahre später verbot Atatürk den Orden und schloß das Kloster, Rumi wurde in eine Unsicherheit geschleudert, von der er zwar gehört, die er jedoch eigentlich nicht für möglich gehalten hatte. Da war er längst eine Persönlichkeit, von der man sprach, und hätte zweifellos wie andere heimatlose religiöse Führer dieser Jahre in einer europäischen Hauptstadt Aufnahme und einen Vorgeschmack des Paradieses finden können, von dem Allah im Koran (76. Sure) verspricht, wir würden dort alle im Schatten der Bäume auf weichen Kissen sitzen. Doch das wollte Rumi nicht. Die Mewlewis nennen sich »Derwische«, ein Wort, das im Persischen »arm« bedeutet. Sie haben ihr Leben Allah gewidmet und suchen ihn im Glauben, in der Armut, im Tanz und in der Musik und nicht in Paris, und dieser konsequente Standpunkt hatte Rumi zuerst auf die Landstraße geführt und ihn dann eine winzige Sünde gegen den Koran begehen lassen, indem er, um sich am Leben zu erhalten, irgendwo bei Port Said ein Boot stahl. Später hatte er ihn über das Mittelmeer nach Sardinien geweht, wo er Jakob begegnet war, und von dort aus hatte er ihn bis nach Lissabon getrieben.

Von Jakob Natten wußte Rumi nur, daß er einmal Ballettänzer gewesen war und eine Beharrlichkeit besaß, die ihn jetzt anscheinend das Leben kosten sollte. Einmal hatte Rumi seinen Reisegefährten gefragt, was ihn bewogen habe, den Tanz und sein Vaterland zu verlassen, worauf Jakob nur geantwortet hatte, die Dinge hätten sich so entwickelt, daß er im Gefängnis hätte weitertanzen müssen, wenn er in Dänemark geblieben wäre.

Beide wußten sie, daß an diesem Abend nach ihnen gesucht wurde. Irgendwo kämmte ein Zug Gendarmen methodisch die Kais ab, und hin und wieder klang das Gebell der Hunde über das Wasser bis zu den beiden herüber. Den Fluß hinunter zog langsam, fast treibend, eines der flachen, dunklen Boote der Hafenpolizei, das die ankernden Boote absuchte.

Keiner der beiden fragte mehr danach, was man von ihnen wollte. Am Tag zuvor hatte ein Uniformierter in einer Weinschenke ihren Paß sehen wollen, und da hatte ihm Jakob einen echten dänischen Kopfstoß verpaßt, nicht aus politischen Gründen – Jakobs Vorstellungen von Politik waren so diffus, daß sie ihn nie dazu gebracht hätten, einem Menschen etwas zuleide zu tun –, sondern aus jenem panischen Verfolgungswahn, der sich bei einem Menschen entwickelt, der zugrunde geht. Es war ihnen gelungen, ihre Verfolger irgendwo in Lissabons Labyrinth aus kleinen Gassen und Plätzen abzuschütteln, doch sie hatten es nur mit Mühe und Not geschafft, und beide hatten sie das Ende gespürt; denn hinter diesem Fluchtversuch lauerte die Erinnerung an all die Male, da sie aus Orten geflohen waren, wo sie gestohlen hatten, oder da sie vor der Hafenpolizei und dem Zoll davongelaufen waren. Obgleich keiner von ihnen (und nicht einmal beide zusammen) einen Überblick über gesellschaftliche Zusammenhänge besaß, begriffen sie allmählich, daß es für jemanden, der keinen Paß, keine Papiere und keinen Beruf vorzuweisen hat, der nicht verheiratet oder zumindest verlobt ist oder sich zur Fremdenlegion gemeldet hat, auf die Dauer eine nicht zu bewältigende Aufgabe darstellt, am Leben, obenauf und auf freiem Fuß zu bleiben.

Jetzt warteten sie auf das Ende, und vielleicht zeigt sich die Natur hier von ihrer barmherzigen Seite, denn wenn die Erschöpfung so groß ist, daß man stehenbleiben und sich nach seinen Verfolgern umdrehen muß, kann man das mit einer Ruhe tun, die dem Wissen entspringt, es gibt keine andere Möglichkeit. Diese Ruhe brachte jetzt die beiden Männer dazu, es sich am Rand des Abgrunds bequem zu machen.

Jetzt, wo sie von der Welt nichts mehr erwarteten, gab ihnen die Umwelt alles. Die Sonne war untergegangen, es war die Stunde, in der die Bedeutung von Freundschaft und Liebe, Strafe und Belohnung, Durst und Gerechtigkeit verblaßt und verschwindet, weil Allah seine blaue Wesenheit enthüllt. Der Tejo war ein Spiegel aus erstarrtem Silber, vor den violetten Berghängen waren die Häuser der Großstadt Filigrankästchen aus weißem Marmor, und die letzten Strahlen der sinkenden Sonne rundeten sich vor den schwarzblauen Wolken im Westen zu einer Feuerbohne aus erhitztem Gold.

Ab und zu tranken die beiden Männer aus einem Kessel Milch, die mit Zimt gewürzt war. Der Kessel stand auf der Glut, und die kochende Flüssigkeit trieb ein leichtes Delirium der Heiterkeit durch ihre Adern. Ohne daß sie ein Wort gewechselt hätten, schlugen ihre Gedanken die gleiche Richtung ein und bewegten sich gemeinsam weiter. Sie dachten an die Kunst des Überlebens, an die Märkte, auf denen sie gestohlen, an die Häuser, in denen sie gebettelt hatten, und daran, daß sie, die einst für Allah und die Gäste des Königlichen Theaters getanzt hatten, jetzt für Vorübergehende tanzten. Erst da entschieden sich ihre Gedanken für getrennte Wege, erst da wurde es notwendig zu sprechen.

»Rumi«, sagte Jakob, »hast du schon einmal daran gedacht, daß ich noch kurz vor unserer Begegnung geglaubt habe, ich würde mich in einen ewigen oder jedenfalls sehr langen Ruhm tanzen? Und du hast geglaubt, du würdest dich ins Paradies tanzen. Wir haben gewissermaßen geglaubt, daß wir im Takt der Musik auf dem Weg ins ewige Leben seien. Und nun zeigt sich, daß wir auf dem Weg in ein Lissaboner Gefängnis waren.« »Das ist nur ein Übergang«, sagte Rumi. »Der das ganze Leben dauern kann«, sagte Jakob und sah einen mißmutigen Augenblick lang das Gesicht der portugiesischen Diktatur vor sich. »Selbst dann ist es nur ein Übergang«, sagte Rumi. »Und es ist nicht sicher, daß er so lange dauert.« »Rumi, denkst du nie daran, daß du woanders hättest sein können als dort, wo du bist?« fragte Jakob. »Der Koran befiehlt, daß wir jeden Tag daran denken, wo wir die Ewigkeit zubringen werden«, antwortete der Mohammedaner. »Aber wie ist es mit dem Ort, an dem wir morgen sein werden?« beharrte Jakob. »Über morgen lache ich«, sagte Rumi. »Du lachst ja nie«, wandte Jakob ein. »Ich lache innerlich. Seit ich in Europa bin, lache ich nur innerlich«, erwiderte der Mohammedaner. »Ihr Europäer könntet bei Gibraltar ein Tor errichten, auf dem stehen müßte: Hier kommt nur herein, wer vollkommen ernst ist. Denn die Länder Europas sind die ernstesten Orte, die ich je gesehen habe.« »Die arabischen Lieder, die du singst, klingen wie eine einzige lange Klage«, sagte Jakob. »Wir Mohammedaner«, gab Rumi zurück, »sehnen uns nach dem Paradies, sehen ein, daß wir es nicht erreichen können, und weinen laut. Danach lachen wir. Ihr Europäer sehnt euch wie wir und weint wie wir. Danach aber winselt ihr, weil ihr hofft, euren Gott vielleicht doch noch dazu bewegen zu können, dem Schmerz der ganzen Welt ein Ende zu setzen. Ich wünsche mich nirgendwo anders hin als an den Ort, wo ich mich gerade befinde, denn ich will Allah nicht mit meiner Winselei plagen.« »Ich bitte niemanden um Hilfe«, sagte Jakob ernst, »aber kurz bevor ich dich kennenlernte, hat mich jemand etwas gefragt, und seither klingt mir diese Frage in den Ohren. Es ist die Frage, ob wir bleiben oder fliehen sollten.« »Das entscheidet Allah«, sagte der Mohammedaner zufrieden. »Das mag sein«, gab Jakob zurück, »aber ich habe das Gefühl, daß er gleichsam so ganz nebenbei auch hören möchte, was ich dazu meine. Möchtest du hören«, fuhr er fort, »wie die Frage, ob man bleiben oder fliehen sollte, in mein Leben kam?« Ohne die Antwort abzuwarten, richtete er sich auf und rückte näher an die Glut. Er wußte, daß auf der anderen Seite des Feuers eine Neugierde saß, die geduldig und grenzenlos war wie seine eigene, und als er sich zurechtsetzte, spiegelte er, ohne es zu merken, die Haltung des Mohammedaners, so daß Sprecher und Zuhörer eins wurden.

»In dieser Geschichte habe ich auch einen Platz. Die Hauptperson aber war ein Freund von mir. Zugestoßen ist sie Andreas.

Damit du verstehst, was ich dir jetzt erzähle, Rumi, mußt du wissen, daß sich in meinem Land die Reichen nicht mehr an die fünf Säulen der Pflicht lehnen, auf denen, wie du sagst, der Islam ruht. Sie haben entdeckt, daß sie im Alltag ohne den Glauben, das Gebet, das Fasten, die Pilgerfahrt und das Almosen auskommen.«

»Sie werden in der Hölle braten«, sagte der Mohammedaner.

»Das ist nicht sicher«, erwiderte Jakob. »Statt dessen haben sie nämlich eine Art Tempel für diese fünf Säulen errichtet. Der Tempel, in dem man den ersten vier Säulen huldigt, ist ein großes Theater in Kopenhagen.«

»Was ist mit der fünften, dem Almosen?« fragte Rumi.

»Das Almosen«, sagte Jakob, »teilt ein anderes Theater aus. Das heißt Staat. Darum geht es in einer anderen Geschichte.«

»Die kannst du mir«, sagte der Mohammedaner, »dann im Gefängnis erzählen.«

»In gewisser Weise wäre das der richtige Ort dafür«, antwortete Jakob. »Aber die Geschichte des Theaters ist so beklemmend, daß man sie am besten unter freiem Himmel erzählt.

Das Theater heißt das Königliche Theater. Außen hat es Säulen und Treppen wie ein Tempel und die Form und Gewichtigkeit einer Burg, innen herrscht eine Pracht wie in einem Schloß, es hat intime Logen und Korridore und verblichene Plüschteppiche wie ein Bordell, und du mußt wissen, dieser Ort ist so unbegreiflich, daß ich weiß, ich habe nur Bruchstücke davon verstanden. Es ist wie eine große Maschine. Ein anderer, der wie ich durch diese Maschine hindurchgegangen wäre, würde eine andere Geschichte erzählen. Wenn er denn überhaupt erzählen würde. Das Seltsame ist aber, daß die Leute das nicht tun. Wer die Maschine beschreibt, ist noch immer ein Teil davon, ist selbst Zahnrad, und die Geschichte, die von einem laufenden Zahnrad erzählt wird, *muß* eine verworrene Geschichte sein.

Was ich nie verstanden habe, war das Publikum. Soviel aber begriff ich: Für unsere Zuschauer – es waren wenige, so wenige, daß ich mich fragte, ob die Menschenmenge, für die wir tanzten, nicht in Wirklichkeit immer aus denselben zweitausend Menschen bestand, die Tag für Tag das Theater füllten – war der Ort ein Tempel. Sie wallfahrteten gleichsam dorthin. Sie kamen, um auf der Bühne Menschen zu sehen, die *glauben*, vielleicht, weil sie selbst auf niemanden vertrauten, nicht einmal auf Gott. Sie kamen, um zu hören, wie es klingt, wenn jemand zu etwas *betet*, vielleicht, weil sie selbst niemanden oder nichts kannten, von dem sie hätten annehmen können, daß er oder es ihnen zuhören würde. Und sie kamen, um das *Fasten* zu sehen, und ich bin sicher, das hatte etwas damit zu tun, daß sie im täglichen Leben so mit Anhäufen beschäftigt waren, daß sie ins Theater kommen *mußten*, daß sie Menschen sehen mußten, die freiwillig entsagten, um einen flüchtigen Blick auf Gott zu erhaschen.

Selbstverständlich dürften sie auch aus anderen Gründen gekommen sein. Doch eben jetzt, heute abend, kann ich mir nicht vorstellen, aus welchen.

An der Ballettschule dieses Theaters fingen Andreas und ich als kleine Kinder an. Was bringt Eltern dazu, ihre Kinder zu einer solchen Schule zu begleiten? Wohl der Glaube, Kinder könnten eine Art Strohhalm sein, durch den die Erwachsenen das richtige Leben aufsaugen können. Verlange bitte keine bessere Antwort auf diese Frage, denn allein der Gedanke an die Eltern macht mich zornig, und das hier soll keine bittere Erzählung sein, jedenfalls keine ausschließlich bittere Erzählung.

Die Schule hatte keine Inschrift über der Tür. Jetzt aber sehe ich, daß dort hätte stehen können: Hier wird nur eingelassen, wer seine Selbständigkeit an der Garderobe abgegeben hat. Denn sobald man durch die Tür trat, wurde jeder freie Wille zum Hindernis, zu einer Art Blei in den Schuhen, denn an dieser Schule ging man in eine Freiheit, die so groß war, daß sie alles andere ausschloß, man wurde nämlich davon befreit, sich Gedanken über das eigene Leben machen zu müssen.

Wir lernten springen, wir lernten es von einem Lehrer, dessen Erfahrung und Liebe zum Tanz in einem kurzen Rohrstock steckte. Damit zog er uns eins über die Beine, wenn wir nicht hoch genug sprangen. Nach einiger Zeit meinten wir, die Welt sei so eingerichtet, daß irgendwo im All ein Gott mit einem Rohrstock stehe.«

»Dieser Gott war nicht Allah«, sagte der Mohammedaner.

»Nein«, sagte Jakob. »Ich bin überhaupt nicht sicher, daß dort ein Gott stand. Ich gebe niemandem die Schuld. Ich versuche nur, ein Bild zu finden. Du hast recht, das Bild von Gott ist schlecht. Mehr als irgendein anderer Grund war es unser eigener Wunsch, der uns zum Arbeiten brachte. In Dänemark sind sich alle einig, daß das große Rätsel die *Verschiedenheit* ist. Bei uns sind die unbegreiflichen Menschen diejenigen, die aus dem Gleichschritt geraten, die die ganze Zeit über ihre eigenen Füße stolpern oder vorneweg laufen, weil sie das Gefühl haben, hinter ihnen brenne irgend etwas, oder es sind die Leute, die uns andere nicht einholen können, weil sie ein Holzbein haben oder dreihundert Pfund wiegen. Sie zu verstehen ist zur Kunst geworden. Für mich, Rumi, ist das anders. Oder jedenfalls ist es anders geworden. Für mich besteht das große Geheimnis in der Frage, weshalb so viele im Gleichschritt gehen, mein Rätsel ist das *Rätsel der Disziplin.*

Ich weiß nicht mehr richtig, wie es sich mit dem *Leiden* in dieser Welt verhält. Nachdem ich gesehen habe, daß einem fast alles fehlen und man dennoch trällern und glücklich sein kann, wage ich die Leidenden nur noch zögernd zu benennen. Soviel aber möchte ich sagen, den meisten ging es an diesem Theater nicht gut. Die paar in jeder Klasse, die jedes Jahr rausgeworfen wurden, weil sie nicht gut genug waren, waren vielleicht nicht einmal die Unglücklichsten.

Man erzählte uns immer, die Ballettschule habe sich wie eine Pflanze entwickelt. Sie sei ein Same gewesen, ein zarter, doch vielversprechender Keim, und im vorigen Jahrhundert sei sie dann von einem großen Gärtner und Ballettmeister übernommen worden, einem geborenen General, der am Totenbett seines Vaters eine Militärpolka tanzte und versprach, er wolle sein Theater wie eine Kaserne aufziehen und seine Tänzer wie Soldaten trainieren. Zu seiner Zeit trieben die Schule und der Tanz eine große Rose aus, die seither blüht, und halten konnte sie sich so lange, weil sie aus Gips ist. Damals muß der Tanz, jedenfalls eine Weile, weich gewesen sein, und die Blüte wurde so geformt, daß sie dem Leben glich, und dann ist sie erstarrt wie die Pflanzen, die das Theater schmücken, zu dem weißen, steifen, ewigen Befehl an die Nachwelt, sich das Lebendige genau *so* vorzustellen.

Vielleicht gehorchten wir deshalb, vielleicht erklärte sich das Theater gleichsam selbst. Vielleicht verbissen wir den Schmerz, weil alles um uns herum uns versicherte, daß es für alle Zukunft kein anderes wirkliches Leben als dieses geben werde.

In dieser Maschine war mein Freund Andreas lange Zeit hindurch ein wichtiges Teil.

Wenn er dir heute abend gegenübersäße, würdest du denken, man könne aus ihm Seife machen, so wie aus mir, er würde, wie ich, aussehen wie einer, der bereits heute nacht von der Müllabfuhr abgeholt werden soll. Doch bis vor nicht allzu langer Zeit war sein Körper das perfekte Instrument für einen Gott, der seine Geige mit einem Rohrstock streicht. Ich spreche mit Absicht vom Körper. Ich weiß, daß es Leute gibt, die meinen, man könne Körper und Seele nicht trennen, aber das sagen sie nur, weil sie nicht gesehen haben, was Andreas und ich sahen. Er und ich, wir wissen jetzt, daß man ohne Seele und gewissermaßen mit dem Kopf unter dem Arm tanzen und die Welt dennoch glauben machen kann, das Tote sei lebendig.

Unsere Stunden sind gezählt, Rumi, es bleiben uns nicht genug, um im Namen eines anderen bescheiden sein zu können. Wenn Andreas tanzte, sahen die Zuschauer draußen im Dunkeln ihre Träume in Erfüllung gehen. Ich weiß nicht, wie so etwas geschieht. Vielleicht war es seine Technik. Seine Pirouetten, seine ruhige Vorbereitung, die Art, wie er seine Achse fand, und die heftige und dennoch völlig regungslose Rotation. Oder sein etwas früher Absprung, seine Kulmination kurz vor dem Einserschlag und die Art und Weise, wie er hängenblieb; in dem Augenblick, in dem alle erwarteten, daß er wieder herunter-, auf die Erde und zu uns anderen zurückkommen würde, da streckte er sich und führte sein Schweben weiter. In diesem Augenblick hielten wir in den Kulissen und die zweitausend Menschen im Saal den Atem an, und wir hätten nicht entscheiden können, ob es der Engel des Lebens oder des Todes war, dessen Hauch wir alle im Nacken spürten.

So tanzte Andreas, bei aller Äquilibristik so mühelos, als ginge er spazieren. Dennoch war das nicht das Wesentliche, seine Technik ist nur ein unbedeutender Teil dieser Geschichte. Das Wichtige hier und für alle anderen, die sich an Andreas erinnern und ihn verstehen, war die Art und Weise, wie er mit den Tänzen, die er tanzte, eins war, wie er sich lächelnd und emsig und gegenwärtig unter uns bewegte und gleichzeitig aussah wie etwas, das man im vorigen Jahrhundert im Theater vergessen und verlassen hat. Wie er mehr als irgendein Tänzer vor ihm vom Gips des Balletts erfüllt war.

Die Ballette des Meisters handeln von vielen Dingen. Davon, wie gerecht es ist, daß es den Unterschied zwischen Arm und Reich gibt, und davon, wie schön es in der freien Natur ist, immer wieder aber handeln sie von der Liebe, davon, daß die Liebe überall ist, daß sie überirdisch schön oder überirdisch traurig ist, aber immer etwas mit »über«, nie etwas mit »unter«, und auf jeden Fall nie, niemals unter der Gürtellinie.

Selbstverständlich verliehen diese Tänze unserem gemeinsamen Wahnsinn eine besondere Färbung, selbstverständlich drehten wir alle, auch im Alltag, auch auf dem Weg vom Theater nach Hause, die Füße nach außen und trugen unseren Kopf mit den Resten der Schminke hoch, um den Leuten zu zeigen, daß die Liebe an uns klebte, daß in jedem von uns ein Stück Prinz und Prinzessin, Bauernmädchen und Teufel steckte. In uns jedenfalls waren die Edelmetalle zu finden!

Mit Andreas aber war das anders, bei ihm war es keine Schminke. Er spielte keinen Prinz, er *war* ein Prinz. Außerhalb der Bühne sah ich ihn selbstverständlich vor allem trainieren, immer mit der Wildheit, die dem Wissen entspringt, daß man das einzig Richtige im Dasein tut, denn der Verdacht, den einige von uns hegten, das Theater könne ein Abstellgleis sein, das uns ins Abseits führte, dieser Verdacht kam Andreas nicht, Andreas fühlte sich sicher, daß er sich mit jedem Zwischenschritt dem innersten Wesen des Lebens näherte. Wenn er nicht trainierte, drehte sich sein Leben, glaube ich, um Frauen. Ja, ich bin sicher, es drehte sich um Frauen. Doch nicht um eine einzelne Frau, eher ganz im Gegenteil, es drehte sich um die Frau als Prinzip. Andreas ist mir vor allem als galant in Erinnerung geblieben; wenn ich mir sein Bild ins Gedächtnis rufe, sehe ich ihn den Tänzerinnen die Tür aufhalten, ihre Taschen tragen und ihnen bei technischen Problemen helfen, vor allem aber sehe ich ihn mit ihnen tanzen, nicht wie ein Tänzer, der als romantischer Held auftritt, sondern als der romantische Held selbst, als ein brillant tanzendes und durch und durch gegenwärtiges Überbleibsel aus dem vorigen Jahrhundert.

Wer wird das jemals verstehen können, wenn er es nicht selbst gesehen hat? Ich sage nur, wenn er auf der Bühne litt, strahlte seine Qual in den Saal aus, so daß die Menschen weinten. Wenn er an einem Waldsee aus gemalter Pappe entlangspazierte, hätte ich geschworen, die Nachtigallen singen zu hören. Es geschah schon mal, daß in dem Augenblick, in dem er das Messer hob, um einen unglaubwürdigen Theaterselbstmord zu begehen, eine Zuschauerin auf die Bühne stürzte und ihm in den Arm fiel, und alle im Saal dachten, ja, sogar ich, der das Pappmesser und die anderen Illusionen so gut kannte, selbst ich dachte, zumindest an gewissen Abenden, jetzt würde ich einen Menschen sterben sehen. Man könnte es so ausdrücken: Die Romantik von Andreas war perfekt, nur kam sie mit hundert Jahren Verspätung. Ich dachte damals, für ihn kann es nie ein gewöhnliches Leben geben, für ihn wird es nie eine Frau oder eine Familie oder ein Alter geben, er kann nur auf der Bühne leben, und dort muß er dann ewig leben. Es war wohl nicht undenkbar, daß er, der jeden Abend das Gesetz der Schwerkraft aufhob, ewig tanzen konnte. Und kann er das nicht, dachte ich, so muß er jedenfalls auf der Bühne sterben, auf dem Höhepunkt seiner Karriere.

In all dem habe ich mich geirrt, Rumi, und das ist gut und richtig so. Wenn man schläft und träumt, irgend etwas hier auf Erden dauere ewig, dann finde ich, muß man geweckt werden und es erfahren.

Ich war selbst dabei, als er das Mädchen zum erstenmal sah, deshalb weiß ich, was geschah, soweit man etwas überhaupt verstehen kann, was man zwar erlebt hat, woran man aber selbst keinen Anteil hat.

Irgendwo in Kopenhagen hatte in einer Wohnung hoch über der Stadt ein Fest stattgefunden, und nun war es vorbei. Ich glaube, rundherum schliefen Leute in den Polstermöbeln, nur zwei von uns waren wach, Andreas und ich. Ich weiß nicht, warum er immer noch da war, normalerweise ging er als einer der ersten, doch in dieser Nacht – oder vielleicht war es früh am Morgen – war er immer noch da. Vielleicht hoffte er, vielleicht sehnte er sich plötzlich nach etwas und hatte nun das Gefühl, daß ihn die Welt aufnehmen und ihn ein wenig von seinem inneren Gips befreien würde, wenn er nur wartete.

Ich gehöre nicht zu denen, die glauben, daß man sich durch Warten auf etwas Besonderes zubewegen kann, also weckte ich den Violinisten. Er war ein kleiner Junge mit Klumpfuß und groben Händen, ein Bauernjunge, der auf Dorfbällen gespielt hatte, bis jemandem aufgefallen war, daß er die Musik auf seiner Violine wie einen fehlerlosen Silberdraht durch den Raum zog. Andreas und ich waren sehr jung, doch er muß noch jünger gewesen sein, auch er, Rumi, war also gewissermaßen ein Wunderkind. Aber trotzdem ein kleiner Schafhirte und Kuhtreiber, das ließ sich nicht leugnen, und dennoch hatten wir ihn überall mit dabei. Wenn ich gehe, höre ich hinter meinen eigenen Schritten noch immer das schiefe, dumpfe Schlurfen seiner Schuhe. Wir hatten im Theater für häßliche Menschen nicht viel übrig, an das Erbarmungswürdige wollten wir zuallerletzt erinnert werden, für uns waren Behinderte, und besonders Behinderte aus der Provinz, eine Kränkung des großen, heiligen Taktgefühls des Theaters. Aber trotzdem nahmen wir den Jungen auf Schritt und Tritt mit, und zwar wegen seiner Musik. Man hörte ihn das erstemal spielen und wußte, daß die eine Hälfte seiner Seele bei den Göttern der Musik war, die andere Hälfte bei den neuen Komponisten, von wo sie dem Klumpfuß zündende Anfeuerungen zuflüsterte. Außerdem war er glücklich. Woher ich weiß, daß er glücklich war? Das kann ich nicht beantworten. Ich entsinne mich nicht, mit ihm gesprochen zu haben. Ich erinnere mich nicht einmal daran, ihn vielleicht lächeln gesehen zu haben. Trotzdem weiß ich, daß er glücklich war. Er, ein Krüppel, ein Mensch, der in unseren Augen nicht einmal zur Tragik, sondern nur zum erbärmlichsten Elend geboren war, er leuchtete, wenn er spielte und seinen Fuß hinter uns herschleifte, in widernatürlicher Begeisterung am Leben. Ich glaube, wir nahmen ihn mit, wie man eine unbeantwortete Frage mit sich herumträgt, die einem keine Ruhe läßt.

Jetzt weckte ich ihn, ich erinnere mich, daß wir ihm Wein gegeben hatten, er hatte zum erstenmal getrunken, und der Alkohol hatte eine ungeheuer aufmunternde und danach brutal lähmende Wirkung auf ihn. Aber nun spielte er trotzdem ein Lied, ein abgebrochenes, stotterndes, lustiges, klagendes und dennoch kühles Lied. Damals hörte ich es zum erstenmal, jetzt kenne ich es auswendig. Komponiert wurde es von einem Mann, der Strawinsky heißt, und damals war diese Musik eine Provokation, wie im übrigen auch heute noch. Später habe ich erfahren, daß es in dem Lied um einen jungen Mann geht, der spielt und danach seine Geige an den Teufel verkauft, aber schon damals hatte ich das Gefühl, Töne aus dem Abgrund zu hören.

Dann tanzte das Mädchen. Ich weiß nicht, woher sie kam, ich hatte sie vorher nicht gesehen, plötzlich aber stand sie in dem großen, kahlen Raum. Sie tanzte barfuß, holte den Klumpfuß und mich aus unserer Besoffenheit und versetzte uns in eine stille, wilde Verzückung, Andreas aber entrückte sie in eine verrückte Verliebtheit.

Dann blieb sie stehen und verschwand, und danach ging ich nach Hause. Als ich den Raum verließ, saß Andreas ganz still im Sessel, als hätte er eine Axt auf den Kopf gekriegt, und betrachtete die Stelle, an der ihre Fußsohlen den Boden geküßt hatten. Ich sagte nichts, zum einen wollte ich das Erlebnis bestimmt nicht zerreden, zum anderen wirst du mir darin recht geben, daß man einen, dem der liebe Gott eine Art Hirnriß verpaßt hat, nicht ansprechen soll.

Es verging wohl ein halbes Jahr, ohne daß wir sie sahen, und wenn wir nicht von ihr sprachen, dann nicht, weil wir sie etwa vergessen hätten, sondern weil wir selbstverständlich wußten, daß sie irgendwo an der nächsten Ecke auf uns wartete. Eines Morgens stand sie dann in der Klasse an der Stange und nahm teil, als gehörte sie dazu. Ich weiß nicht, wie sie hereingekommen war, es war eigentlich undenkbar, daß das Theater eine neunzehnjährige Fremde hereinlassen würde, aber selbst ein Mausoleum kann zu einem

Wunder nur schwer nein sagen. Es kann ja auch sein, daß man sie zunächst abgewiesen hat, was weiß ich, aber sie gehörte zu den Leuten, die ihren Fuß noch in eine zuschlagende Tresortür schieben und danach durch den Spalt schreiten würden, als hätte man sie flehentlich um ihren Auftritt gebeten.

Nun hatte ich also Gelegenheit, sie tanzen zu sehen, nicht allein mit ihren eigenen unerklärlichen Bewegungen, sondern in den ewigen, minutiös festgelegten Schritten des klassischen Balletts. Ich habe häufiger, als ich zählen kann, mit ihr im selben Raum und auf derselben Bühne gestanden und habe nie auch nur annähernd begreifen können, wie es ihr möglich war, so schnell zu lernen und so schön zu tanzen. Ich versuchte, aus ihren Bewegungen ihre Vergangenheit zu erraten, ich kann aber nur sagen, daß sie sicher, ganz sicher, sehr viel im Freien und mit Jungen gespielt haben mußte. Näher kann ich der Sache nicht kommen.

In Wirklichkeit war mir klar, daß ich nicht so sehr sie selbst, sondern Gott verstand, wenn ich sie tanzen sah. Wenn ich ganz ehrlich sein soll, weiß ich nicht, was ich von der Existenz Gottes halten soll – das sage ich geradeheraus, sogar dir, Rumi –, aber wenn es ihn gibt und er die Welt erschaffen hat, dann verstand ich, nachdem ich das Mädchen gesehen hatte, warum er zuerst die Fische und die Vögel und die wilden Tiere gemacht hat. Denn selbstverständlich mußte er erst üben, sagte ich mir, selbstverständlich mußte er erst trainieren, um die Geschmeidigkeit des Aals und die waagerechte Präzision des Sperbers und den Panthersprung der Katze in einem Menschen wie jetzt diesem Mädchen vereinen zu können.

Als sie ihr erstes Morgentraining im Theater verließ, hielt Andreas ihr die Tür auf. Er hatte bereits eine Zeitlang an der Tür gestanden, um rechtzeitig genug da zu sein, und als sie gegangen war, stand er immer noch da, stützte sich an der Türklinke ab und starrte das Loch in der Luft an, das sie hinterlassen hatte, und ich freute mich, ich dachte, wie schön, wenn ein Standbild vom Sockel steigt und blöde vor lauter Bewunderung wedelt, und ganz besonders, wenn dieses Standbild der eigene Freund ist.

Von Anfang an hoffte ich, daß sie ihn auflesen und vom Staub befreien würde, und als sie ein Jahr am Theater gewesen war und das erstemal mit ihm tanzte, war ich mir ganz sicher. In dieser Erwartung nun sollte ich recht und unrecht zugleich behalten.

Was ich jetzt erzähle, weiß ich von Andreas, selbst habe ich es nur von weitem gesehen. Seiner Ritterlichkeit wurde nun also das Äußerste abverlangt. Auf der Bühne bildeten sie ein Paar, das jeden glauben ließ, daß die Liebe ewig währt, aber auch, daß es möglich ist, die Seele zu lieben, ohne den Körper zu begehren. Außerhalb der Bühne waren sie dann die besten Freunde der Welt, aber auch nicht mehr. Das eine Mal, da ich alle Rücksicht beiseite schob und Andreas nach ihrer Beziehung fragte, lächelte er mich höflich und tugendhaft an, redete davon, wie sehr er sie respektiere, und davon, daß die Frau ein höheres Wesen sei. Ich dagegen schaute durch sein Lächeln geradewegs in seine frierende Einsamkeit, aus der ihn, das wußte er selbst, nur das Mädchen herausziehen konnte.

Bis zu einem bestimmten Tag verbiß er sich also seine Gefühle und schluckte sie hinunter, damit sie nicht auffielen und das höhere Wesen einschüchterten, das jeden Abend vor den Augen von zweitausend

Menschen in seinen Armen ruhte. Eines Tages aber bot er aller Scham Trotz und erklärte sich ihr.

Ich bin fast dankbar dafür, daß ich seine Erklärung nicht anhören mußte. Andreas war Tänzer, *Worte* lagen ihm nicht sonderlich, und mit der Liebe ist es in Dänemark schwierig. Was so schön klingen sollte, klingt oft, als holte man es aus einem anderen Zeitalter und als hätte es vergraben gelegen. Trotzdem gelang es ihm, und er erzählte mir, wie befreiend es für ihn gewesen sei. Irgendwann, während er redete und alles gestand, war es, als breche etwas auf, er sank auf die Knie, küßte ihre Hand, und aus seinem Mund ergossen sich ein Brei aus Regieanweisungen der Ballette, die er getanzt hatte, und große Stücke aus Gips und Klischees, die er als Kind gehört hatte, aber auch etwas anderes, auch ein Strom aus echtem Gold.

Er hat mir erzählt, daß das Mädchen ihn bis zu Ende anhörte, ohne ihn zu unterbrechen. Dann dachte sie einen Augenblick nach und erzählte ihm, wer sie eigentlich sei.

Zunächst hatte sie gesagt, wenn er nun einmal so für sie empfinde, so müsse sie ihm die Wahrheit erzählen. Und das hatte sie dann getan, nüchtern, fast so, als lese sie aus einer Zeitung vor, als sei das alles etwas, was sie von außen betrachtete.

Sie war in Deutschland geboren, von einer Mutter, die aus irgendeinem Grund Dänin war, nicht lange vor dem Krieg, in einer Stadt, an deren Namen sie sich nicht erinnern wollte, durch die jedoch die Front verlief. In dieser Stadt arbeitete ihre Mutter in einem der Bordelle, die kurze Zeit später vom Staat übernommen und dem Heer übergeben wurden. An diesem Ort war sie das einzige Kind, und sie wußte nicht, wie es ihrer Mutter gelungen war, sie zu behalten. Sie sagte zu Andreas, sie habe keine Erklärungen und suche keine. Sie wisse nur, seit sie groß genug gewesen sei, sich an das Gesehene zu erinnern, sei ihre Mutter eine kleine, zarte und hart arbeitende Hure gewesen, die alle fürchteten, selbst ihre Kunden. Die lange Reihe der Männer, die jeden Tag durch ihre Tür gingen, umschlang sie mit langen Girlanden aus Unverschämtheiten. Das Mädchen erzählte Andreas, daß Männer eine Hure immer irgendwo hassen, ihre Mutter aber sei verhaßter gewesen sei als irgendeine andere und habe immer gewußt, daß die vielen, vielen Männer, die zu ihr zurückkehrten – bevor sie fortgeschickt wurden, um nie mehr zu irgend etwas zurückzukehren –, kamen, weil sie hofften, der Samen, den sie in ihr verspritzten, könnte ihr irgendwie den Mund verschließen.

Bereits an dieser Stelle hatte Andreas darum gebeten, nicht noch mehr hören zu müssen, aber da hatte das Mädchen wieder den Fuß in die Tür gesetzt und gefragt, ob er denn nicht eben um ihr Vertrauen gebeten habe, und dann fuhren sie fort.

Von klein auf hatte die Mutter Tuberkulose gehabt, und das Mädchen hatte immer das Gefühl, diese Frau, ihr einziger Anhaltspunkt im Dasein, hätte eigentlich tot sein müssen. ›Kinder merken so was‹, hatte sie zu Andreas gesagt, ›Kinder wissen, wenn ein Mensch gegen die Ordnung der Natur lebt. Ich stellte mir den Tod als einen Mann mit Sense vor‹, sagte sie weiter. ›Ich dachte mir, er käme nur deshalb nicht, weil selbst er Angst hatte, was da wohl rauskommen würde, wenn meine Mutter ihn sähe und den Mund aufmachte.‹

Seit ihrem vierten Jahr wusch dann das Mädchen das Glied der Soldaten über einem Waschbecken aus

Zinn. Darauf stand unter dem kaiserlichen Adler: *Rein im Glauben.*

Hier hatte Andreas erneut darum gebeten, ihm alles weitere zu ersparen. ›Aber so ist das Leben‹, hatte das Mädchen gesagt.

›Dann will ich nicht mehr leben‹, sagte Andreas.

›Genau das sagen alle‹, erwiderte das Mädchen. Das hatten die Soldaten gesagt, das hatte ihre Mutter und das hatte sie selbst gesagt. Aber nun zum Beispiel die Soldaten, die sie wusch. Das waren ja leere Hülsen. Aus ihnen war alles Menschliche ausgeleert worden, und dann hatte man sie alle mit dem gleichen bodenlosen Grauen und Elend gefüllt, das sie nie verließ. Auch wenn sie sich auszogen, behielten sie ihr Gewehr, sie legten es in Reichweite vor das Bett, und selbst wenn sie in ihrer Mutter kamen und die Augen verdrehten, schielten sie nur zu ihrem Gewehr. Aber selbst diese Hülsen versuchten ja am Leben zu bleiben, auch wenn sie sagten, daß sie ebenso gern sterben würden. Selbst die kamen ja zu der Mutter des Mädchens, um einen Augenblick lang eine Frau verachten zu dürfen und sich eine Art Bild, eine Art Postkarte von einer Zärtlichkeit zu holen, die vielleicht hätte existieren können, wenn da nicht der Krieg gewesen wäre.

Das Mädchen meinte, sie sei neun Jahre gewesen, als sie nach Auffassung ihrer Mutter alt genug war, um mit einem Mann zusammenzusein. Natürlich waren neun Jahre ein bißchen früh, aber trotzdem machte sie ihrer Mutter keine Vorwürfe, die Mutter lag im Sterben, für beide ging es also um das Leben, und wenn es darum geht, gibt es nicht so viel zu reden, dann dürfen wir einander nichts vorwerfen. Es hatte auch nicht so weh getan, wie man hätte meinen sollen. Sie sei nicht einmal mehr zornig auf die Männer, sagte sie, denen habe sie vergeben.

Wann das endlich aufhörte, hatte Andreas gefragt und damit selbstverständlich gemeint, wann sie mit dem Erzählen aufhören würde, um ihm damit diese unerwünschte Begegnung mit der Wirklichkeit zu ersparen. Er hatte sich selbst fragen hören, mit einer nicht wiederzuerkennenden, quakenden Stimme, die einem Fremden gehörte, dem Fremden, der er in dieser kurzen Zeit geworden war, die sie für ihre Geschichte benötigt hatte.

Eines Tages war ihre Mutter dann tot. Kurze Zeit darauf, sie meinte, es sei ihr vierzehnter Geburtstag gewesen, habe ein Mann versucht, ihr ein Leid anzutun. Sie habe unter ihm gelegen und gespürt, wie ihr Körper Schaden nahm. Da habe sie gedacht: ›Nein, ich *muß* ja leben‹ und sich um sein Glied geschnürt, so daß er nicht freikommen konnte, und dann habe sie ihn mit einer Rasierklinge losgeschnitten. In dem Augenblick habe sie aufgehört, Männer zu hassen, in dem Moment habe sie begriffen, was der Feldgeistliche gemeint hatte, jetzt hatte sie die Hand auf den Scheitel dieses Mannes gelegt und ihn in die Wüste geschickt, damit er sühnen konnte, was die anderen ihrer Mutter und ihr angetan hatten. Was danach geschah, erzählte sie Andreas bei dieser Gelegenheit nicht, sondern erst nach und nach. Es war die Geschichte, wie sie sich auf der Straße durchgeschlagen und Grenzen überschritten hatte, weil sie in das Land ihrer Mutter zurückwollte, wie sie Pflegeeltern gesucht und endlich einen Platz an der Sonne gefunden hatte.

Damals aber sagte sie Andreas nur, er solle sie nicht so ansehen, jetzt sei sie froh, nun sei sie gesund und munter, nun denke sie nicht mehr an damals. Wenn sie ihm davon erzählt habe, dann nur, damit er verstehe. Verstehe, daß kein Mann sie jemals mehr auf diese Weise anfassen könne.

›Aber auf der Bühne fasse ich dich doch auch an‹, hatte Andreas gesagt.

›Ja‹, hatte sie geantwortet, ›auf der Bühne, wenn das Licht an ist und der Saal voller Menschen und wir genau so tanzen, wie es vorgeschrieben ist, da habe ich die Sicherheit, daß nichts Unerwartetes geschieht, dann können wir uns wunderbar lieben. Wenn die Männer die Lampe ausmachen wollten, die meine Mutter am Bett stehen hatte, dann sagte sie: ›Nein, ich will sie an haben, denn ich bin eine Lampenhure. So ist das auch mit mir, Andreas, ich bin eine Lampenhure, nur bei Rampenlicht ist es möglich.‹«

Hier hielt Jakob in seiner Erzählung einen Augenblick inne, um aus dem Kessel zu trinken. Es war Nacht geworden. Man spürte, daß irgendwo im All der Mond wartete, noch aber war der Himmel bewölkt, als wolle die Welt (das heißt Allah, der Gelehrte, der Weise, der Barmherzige) die beiden Männer und ihre Geschichte bedecken.

»Ich denke gerade daran, Rumi«, sagte Jakob, »was ich dir mit dieser Geschichte geben kann.«

»Eine Reise«, antwortete der Mohammedaner ernst. »In diesem Moment bin ich mit dir auf der Bühne, von der du sprichst.«

»Aber wie kann ich sicher sein, daß es dieselbe Bühne ist?« fragte Jakob.

»Wir sollten«, sagte der Mohammedaner, »unsere Kräfte nicht mit Fragen vergeuden, auf die es keine Antwort gibt, vor allem dann nicht, wenn wir mitten in einer Geschichte sind.«

»Du hast recht«, sagte Jakob. »Genau das habe ich mir auch gesagt, als ich mich damals fragte, ob Andreas wohl begriffen hatte, was sie ihm da erzählte. Mit der Zeit wurde dann klar, daß er es besser und tiefer begriffen hatte als irgendein anderer.

Es gibt ein Ballett, das heißt *Sylphide* und ist in Dänemark sehr beliebt. Es gehörte zu den Tänzen, um derentwillen das Publikum kam, weil dieses Ballett ihm *alle* vier Säulen des Glaubens auf einmal lieferte. Es handelt von einem Mann, der eine Frau liebt, die er nicht berühren kann, weil sie eine Art Engel ist, der sein Leben und seine Flügel verlieren würde, wenn ein Mann versuchte, in sein Wesen einzudringen.

Es ist ein vollendetes Ballett, und Andreas war für die Rolle des jungen Helden wie geschaffen. Das Ballett war hundert Jahre alt, doch wenn er tanzte, konnte jeder sehen, daß es für ihn choreographiert war. Es hatte nur einen Fehler, nämlich sein Alter. Auch wenn sie es überschminkten und als taufrisch und aktuell präsentierten, hatte es etwas hoffnungslos Altmodisches, auch dann war deutlich, daß seine Zeit vorbei war. Als das Mädchen in unser Leben und in das Leben von Andreas trat, verschwand das Alter aus diesem Tanz wie ein Nebelstreif vor der Sonne. Das Mädchen *war* ein solch überirdisches Wesen, behende wie eine Katze, freundlich wie ein Engel, gut wie die Jungfrau Maria, vor allem aber war es völlig unmöglich, an sie heranzukommen.

Von jetzt an tanzte Andreas nur noch für sie. Wenn du mir erzählt hast, Rumi, daß es möglich sei, ohne Frauen zu leben, dann glaube ich dir, dann weiß ich, daß du recht hast. Aber nur, weil ich Andreas und das Mädchen habe tanzen sehen.

Ich will nicht behaupten, daß ich bis dahin viel von der Liebe wußte, aber jedenfalls war ich sicher, daß es irgendwann zu einer Verschmelzung der beiden Geschlechter kommen mußte, daß es irgendwie, früher oder später, notwendig sein würde, daß man miteinander schlief. In den folgenden Jahren entdeckte ich, daß ich mich irrte, und ich bin dankbar dafür, daß ich eines Besseren belehrt wurde. In den folgenden Jahren erforschten Andreas und das Mädchen für sich und für uns andere, und damit also auch für mich, die Liebe, die in der Leere zwischen zwei Menschen wächst, die nie vereint werden.

Nun verhält es sich so, daß sich die Ballette des großen Meisters Kulissen und Klischees aus fremden Ländern entliehen haben. Diese leeren Landschaften erfüllten Andreas und das Mädchen nun mit Gefühlen, die echt waren. Als ich sie tanzen sah, verstand ich die katholische Strenge des spanischen Flamencos, die jeden Augenblick mit Blut zu gurgeln droht, aber auch die lachlustige Lauterkeit der italienischen Tarantella, die nur auf die Unaufmerksamkeit eines Augenblicks wartet, um sich auf dem Mist zu wälzen. Selbstverständlich war es Theater, und zwar in einem Ausmaß, das mir damals verborgen blieb und das ich erst später entdeckte. In gewisser Weise war alles gespielt und falsch, aber ich sage es, wie ich es damals empfand: Ich sah sie tanzen und verstand die Liebe. Und zwar nicht nur die Liebe der jungen Liebenden. Denn wenn die Musik gedämpfter erklang, langsamer und klagend wurde, wurden Andreas' Schritte schwerer, es zerrte an ihm, es zog ihn zu Boden, bis ich das Leiden wie hochaufgetürmte Jahre auf seinen Schultern sah. Dann tanzte er aus der Zeit hinaus und in das hinein, was kommen sollte. Er zeigte uns das Alter, und wenn das Mädchen in seine Arme glitt und er sie mit einer abgeklärten Ruhe stützte, die alles gesehen und alles ertragen hat, sah ich zwei Menschen, die ihre Liebe über eine endlose Reihe von Jahren hinweggetragen haben und nun furchtlos dem Tod entgegenblicken. Bis ich sah, wie sie sich in der Garderobe abschminkten, hätte ich geschworen, daß sie in dieser Nacht ergraut sein mußten.

Ich fragte mich damals, ob wir das Recht haben, von der Liebe mehr zu fordern, und auf diese Frage habe ich noch immer keine sichere Antwort gefunden.

Sie wurde Solotänzerin, und dann richtete man für sie eine spezielle Stelle ein. Im Laufe weniger Jahre wurde sie die erste Tänzerin am Theater, die alles genauso bekam, wie sie es haben wollte. Ich bin sicher, alle hatten das Gefühl, daß sie in ihrer Person das gesamte Theater vereinigte. Sie war gekommen und ans Licht getreten, um es nie mehr zu verlassen.

Jeder andere wäre zum Gegenstand des Neids geworden. Sie nicht, für sie fanden alle Menschen nur Lobesworte, nichts anderes als Worte des Lobes. Das hatte damit zu tun, daß die Geschichte ihrer Vergangenheit bekannt wurde. Ich verstand damals nicht, wie das passieren konnte, denn Andreas war viel zu panisch gelähmt und liebte sie viel zu sehr, als daß auch nur ein Wort über seine Lippen gekommen wäre. Ich selbst aber war stumm wie ein Fisch. Trotzdem wußten am Theater seit dem Tag, an dem das Mädchen seinen Aufstieg begann, Rollen und Aufmerksamkeit erhielt, alle, daß sie ein verlorener Mensch war.

Weshalb war sie verloren? Wie soll ich erklären,

was wir dachten, dir vor allem, Rumi, der du selbst ein Leben ohne Frauen gewählt hast? Es läßt sich vielleicht nie erklären, vielleicht kann ich es ebensogut aufgeben, aber laß mich sagen, daß für uns, für uns Tänzer, von den jüngsten in der Schule bis zu den ältesten, die pensioniert waren und nun als Corpsgedächtnis herumliefen und halfen, die Ballette des Meisters bis in die kleinste Fingerstellung hinein korrekt zu reproduzieren, daß für uns die körperliche Liebe die sechste Säule der Pflicht war, wenn du verstehst, was ich meine. Ein Mensch, der nie mit einem anderen Menschen würde schlafen können, schien uns rettungslos verloren.

Neid setzt Verwandtschaft voraus. Hätten wir das Mädchen um ihren Tanz und ihre Rollen und ihre Berühmtheit beneiden sollen, dann hätten wir uns mit ihr verwandt fühlen müssen. Aber man beneidet ja auch keine Katze um ihre federnden Sprünge, oder? Man beneidet doch keine Statue, weil sie gut gebaut ist. Es würde einem doch nicht einfallen, Jesus am Kreuz um seine guten Repliken zu beneiden, oder? Was ja wohl daran liegt, daß gewissermaßen weder die Katze noch die Statue, noch der Erlöser von dieser Welt ist, alle sind sie ja auf ihre Weise tragisch unwirklich, die Katze, weil ihr die Einsicht in den Zusammenhang der Welt fehlt, die Statue, weil sie leblos ist, und der Erlöser, weil er als Solist des Herrn so viel durchmachen muß, daß ihn niemand im Ernst um seine Rolle beneiden kann.

Jetzt, wo ich zurückschaue, verstehe ich, daß das Leben des Mädchens mit dem Theater verschmolz. Sie tanzte, daß einem vor Freude und Beklommenheit darüber, daß es sie gab, die Tränen kamen, und gleichzeitig fühlte man, daß ihr tragisches Schicksal über sie hinauswies und uns alle anrührte, daß sie tanzte, um eine unheilbare Seelenwunde zu heilen. Damit machte sie die Ballette des Meisters wahrhaftig, sie ließ das vorige Jahrhundert wieder auferstehen, sie lächelte auf der Bühne, und der ganze Gips erhob sich aus dem Grab und kam uns weinend entgegen. Uns wurde schwindlig, wir spürten, wie sich das Theater mit Sinn und Heiligem Geist füllte, daß es wirklich eine wahre, alles umfassende Kunst gab und das Mädchen ihre Prophetin war.

Propheten sind über den Neid erhaben, denn sie bezahlen für ihre Würde immer einen fürchterlichen Preis. Ich sah das Mädchen durch Tränen, das darf ich wohl zugeben, ich weinte, spürte und sah, daß sie wie ein geschändeter Tempel war, eine Art göttliche Ruine.

An so vielen Abenden blieb ich im Saal sitzen, um sie proben zu sehen. Um mich herum das leere, dunkle Theater. Auf der Bühne Licht und drei Gestalten. Das Mädchen, Andreas und der Klumpfuß, den sie aus dem Orchestergraben zum Leben emporgehoben hatte. Was verband sie wohl, fragte ich mich. Der Tanz und die Musik, antwortete die Welt, und das ist wohl auch richtig. Aber da war auch noch etwas anderes, das spürte ich, und da draußen im Dunkeln erkannte ich, was es war: die Entstelltheit. Dieses Wissen verband sie, sie wußten, wie es ist, als Beschädigter unter heilen Menschen zu leben.

Übrigens konnte der Junge auch modellieren. Statt der Geige hatte er oft einen Klumpen Lehm auf einer Holzplatte vor sich und modellierte das Mädchen. Irgendwann brannten sie mehrere der kleinen Statuen und stellten sie in einem Seitengang des Theaters auf. Doch selbst dort zogen sie in den Pausen das Publikum an, und nach einer Weile wurden sie wieder weggenommen, weil man meinte, sie wirkten vergröbernd. Damals war das Mädchen für alle am Theater ja ein überirdisches Wesen. Doch in den Statuen des Klumpfußes erkannte ich für Momente etwas anderes wieder, etwas, weswegen man sie wieder wegnahm, eine ferne Erinnerung an damals, als sie über den Dächern von Kopenhagen barfuß getanzt hatte.

Vor allem aber spielte er. Er spielt, und das Mädchen und Andreas tanzen oder proben eine schwierige Stemmszene aus dem großen *Pas de deux* im *Korsar*, immer wieder, mit einer Geduld ohne Grenzen, bis die Bewegung so schwerelos und einleuchtend ist wie – was soll ich sagen? – wie eine Liebkosung. Sie schweben gleichsam in einer Höhle aus Licht, treiben in einem warmen Wasser aus Licht, Kunst und Freundlichkeit. Keiner denkt an die Zeit, keiner weiß, wie spät es ist, die Zeit existiert nicht mehr, es gibt nur noch die Musik und die beiden, die tanzen, als Beweis dafür, daß jenseits von Krieg, Begierde, Groll und Alltag ein Ort existiert, und an diesem Ort erheben sich Kunst und Tanz als Verheißungen einer reinen, unbefleckten Ewigkeit.

Unten im Saal sitze ich, mein Körper ist in Dunkel gehüllt, doch in meinem Herzen brennen die Theaterlichter, und ich bin sehr glücklich.

Dir, Rumi, brauche ich nicht zu erklären, wie selten Gott uns anhaucht, wenn wir tanzen. Du und ich, wir wissen, was es kostet, diesen Hauch zu wollen, darum zu betteln und dann überhört zu werden, warten zu müssen. Von diesem Leid reden wir heute abend nicht, du hast gesagt, wir sollten nicht jammern. Stattdessen werde ich dir erzählen, wie Gott Andreas zum letztenmal anhauchte. Von dem eigentlichen Erlebnis gibt es nicht viel zu erzählen, das ist ja göttlich und läßt sich nicht erklären. Aber das Theater feierte, daß der Meister vor hundert Jahren als neuernannter Tanzdirektor sein erstes Ballett geschaffen hatte. Andreas und das Mädchen tanzten selbstverständlich die *Sylphide*, dieses vollendete Ballett von der Unmöglichkeit und Notwendigkeit der Liebe, und Gott hauchte sie an, und als Andreas nach dem letzten Vorhang in die Kulissen zurückkam, blieb er vor mir stehen, faltete die Hände und sagte langsam und innerlich, als betete er: ›Laß es immer so sein‹, und in dem Augenblick waren weder er noch ich im Zweifel – natürlich würde er erhört werden.

Wir blieben noch sitzen und redeten miteinander, während sich das Theater leerte, bis auch die Tänzer heimgegangen und die Schritte des letzten Wächters verklungen waren. Da erst fragte ich ihn, wie es denn sei, so auf Abstand zu lieben, ob das denn ausreiche? Andreas sah mich einen Augenblick ernst an und sagte dann: ›Es ist himmlisch, und sollte das Himmlische nicht ausreichen?‹

In diesem Moment herrschte großes Einvernehmen zwischen uns, wir wußten beide, daß er sein Leben und sein Liebesglück der Kunst, dem Tanz und diesem Mädchen opferte, und mich erfüllte eine stille Freude, weil ich heute abend bei ihm sein, ihm zuhören und ihn stützen konnte, wenn er sein Kreuz trug. Schweigend gingen wir nebeneinander durch das Theater, über die verlassene Bühne und durch dunkle Korridore. Zuletzt näherten wir uns der Garderobe des Mädchens, weil, so spürten wir, uns das Weibliche selbst durch seine Abwesenheit anzieht.

Bereits von weitem hörten wir sie singen, einen

feinen Meßgesang, den wir beide als Kirchenlied auffaßten. Wir näherten uns still, behutsam, aber unwiderstehlich angezogen von dem Gottesdienst, den wir erwarteten. Wir hatten sie noch nie zuvor singen hören, trotzdem aber war uns klar, daß wir durchs Schlüsselloch schauen und sie in eine Art Gebet versunken finden würden.

Das Schlüsselloch war nicht nötig, denn die Tür stand offen, und wir schauten hinein, ehrerbietig und nervös, als befürchteten wir, ein Sakrileg zu begehen.

Auf dem Schminktisch war eine Kerze fast heruntergebrannt, der Docht war im Stearin gefangen, das Licht war nur noch ein Glühen, das nicht in das Dunkel des Raumes hinausreichte. In dieser Dunkelheit sahen wir nur etwas Kreideweißes, das auftauchte und verschwand, auftauchte und verschwand. In diesem Moment ergriff Andreas meine Hand und drückte sie fest, und ich spürte, was er dachte, und daß es die gleichen Gedanken waren, wie sie mir durch den Kopf gingen. Eine überwältigende Sekunde lang waren wir überzeugt, das Mädchen sei aus seiner menschlichen Gestalt herausgetreten und entfalte jetzt im Dunkeln ein paar große weiße Engelsschwingen. Dieser Gedanke war in seiner wilden Unwahrscheinlichkeit vollendet schön und vollendet schrecklich zugleich, schön, weil es so richtig war, daß sie in den Himmel tanzen würde, schrecklich aber, weil sie uns verlassen wollte.

Da ließ der Luftzug das Licht aufflackern, der Docht befreite sich aus dem Stearin und flammte auf, ein Lichtstrahl fiel vom Schminktisch auf den großen, schrägen Garderobenspiegel und traf von dort das Gesicht des Mädchens. Ihr Kopf hing über der Lehne eines großen Sessels, und weil wir ihr Gesicht umgekehrt sahen, war sein Ausdruck rätselhaft. Aber das göttliche Weiß hob sich jetzt scharf ab. Es waren keine Engelsschwingen. Es war der weiße Hintern des klumpfüßigen Geigers, der aufstieg und sank, auftauchte und verschwand, während er sich über dem schräg nach oben gewendeten Unterleib des Mädchens hob und senkte. Während wir auf der Stelle erstarrten, wurde mir ihr Gesichtsausdruck völlig klar, selbst Andreas begriff. Ihr Gesicht war verdreht in dem Wunsch zu beschleunigen und zugleich zurückzuhalten.«

Hier machte Jakob eine lange Pause und blickte in die Nacht, als ließe er die Bilder jener anderen Nacht vor sich ablaufen. Nach einer Weile sagte Rumi: »Ich kenne die Fortsetzung der Geschichte. Vor der Tür hauchte Gott euch an und erfüllte euch mit heiligem Zorn. Du brachtest deinem Freund ein Schwert mit flammenzüngelnder Klinge, und mit Kräften, die die Wut versiebenfacht hatte, trat er die Tür auf, drang in das Zimmer ein und nagelte das Mädchen und ihren Hurenknecht an den Sessel, so wie man eine Nadel durch Insekten sticht, die sich paaren. Danach blieb er bis zum Morgengrauen an der Doppelleiche sitzen und sprach von Leben und Tod.«

»Das«, sagte Jakob, »wäre kein sehr dänischer Schluß gewesen. Wir müssen respektieren, daß die Geschichte in Dänemark spielt.«

»Das ist wahr«, sagte Rumi. »Es steht auch geschrieben – in der 42. Sure, Vers 37 – ›Auch wenn wir gereizt sind, müssen wir zu vergeben suchen.‹ Dein Freund hat also dem Hurenknecht vergeben?«

»Das auch nicht«, sagte Jakob. »Denn auch das wäre sehr wenig dänisch gewesen. Die Fortsetzung der Geschichte ist ein Gespräch zwischen dem

Mädchen und Andreas, ein Gespräch, das ich nicht gehört habe, von dem er mir aber erzählt hat. Ich weiß nicht genau, wann es stattfand, stelle mir aber vor, daß es noch am selben Abend war. Ich glaube, Andreas hat gewartet. Obgleich er gewußt haben muß, daß jetzt zwischen ihm und dem Mädchen ein schwarzes Loch war, über das niemand würde eine Brücke schlagen können, hat er wohl trotzdem gewartet.«

»Wo warst du, Jakob?« fragte Rumi.

»Es gibt Zeiten«, sagte Jakob, »da das Kreuz des Daseins so schwer zu tragen ist, daß man nicht einmal seinem besten Freund helfen kann. Irgendwann war das Mädchen wieder allein, Andreas ist zu ihr hineingegangen und hat sie lange und direkt angeschaut. Und dann hat sie gesagt: ›Ich hatte plötzlich einfach Lust.‹ ›Ja‹, sagte Andreas. ›Es stimmt also nicht, was du mir damals erzählt hast?‹ ›Nein‹, erwiderte das Mädchen, ›nicht viel davon war wahr.‹ ›Weshalb hast du es mir dann erzählt?‹ fragte er. ›Ich weiß es nicht‹, sagte sie. ›Ich hatte plötzlich einfach Lust. Danach wollte ich dir jeden Tag die Wahrheit erzählen.‹ ›Warum hast du es denn nicht getan?‹ fragte Andreas. ›Weil ich sah‹, sagte sie, ›wie schön du getanzt hast. Da begriff ich, daß meine Unwahrheit ein großes Kunstwerk gewesen war. Daß ich dir erzählt hatte, was du hören mußtest, um so gut wie möglich zu tanzen.‹ ›Ich glaube‹, sagte Andreas, ›daß ich damals lieber etwas mehr von der Wahrheit gehört hätte.‹

Da lehnte sich das Mädchen zurück, als zöge sie sich in eine andere Welt zurück, und vielleicht, dachte Andreas, tat sie das auch. Von dorther sagte sie: ›Die Welt eignet sich nicht für die Wahrheit, mein Andreas, auch du eignest dich nicht dafür. Du verstehst es zwar nicht, aber ich will dennoch versuchen, es dir zu erklären: Die Menschen auf dieser Welt und vor allem an diesem Theater *müssen leiden*, sie müssen das, weil sie jede Sekunde in ihrem Leben in zwei entgegengesetzte Richtungen streben. Wenn du tanzt, Andreas, formst du ein Bild der Leichtigkeit. Abend für Abend sehen dich die Zuschauer über die grüne Wiese tanzen als der unbekümmerte junge Prinz, der Vogelfänger oder der Adlige, der in dieser Welt keine Pflichten oder Sorgen hat. Du bist das wandelnde Bild der sorglosen Freiheit. Aber du und ich und das Publikum wissen, daß du, um dieses Bild der Freiheit formen zu können, freiwillig ins Kloster gegangen bist und dein Leben der härtesten und monotonsten Arbeit geweiht hast, die die Welt je gekannt hat. Jeden Abend zeigst du im Theater, daß Pflicht und Freiheit im Universum in einem Spannungsverhältnis stehen.

Jeden Abend tanzt du auf der Bühne den tugendhaften, ritterlichen jungen Mann, der alles tut, um die weibliche Schamhaftigkeit nicht zu kränken, und du tanzt deine Rolle als Heiliger in so strammen Hosen, daß jeder im Saal sehen kann, was du zwischen den Beinen hast, und unter anderem deshalb kommen sie ins Theater. Jeden Abend beweist du auf der Bühne, daß Begehren und Tugend im Universum in einem Spannungsverhältnis stehen.‹

›Ich will nichts mehr hören‹, sagte Andreas.

›Nein‹, sagte das Mädchen. ›Selbstverständlich willst du nichts mehr hören. Jeden Abend zeigst du auf der Bühne Momente des Glücks. Du zeigst der Welt, daß das Glück Weib, Wein und Natur ist und tun zu können, was einem gerade einfällt, während alle genau wissen, daß es in deinem Leben weder

Frauen noch Alkohol, noch Wahlfreiheit gibt. Daß du dieses Bild nur formen kannst, indem du diesen Versuchungen den Rücken kehrst. Du willst die Wahrheit nicht hören, brauchst du auch nicht. Du sollst eine Geschichte haben, wie ich sie dir bereits erzählt habe, von einer tragischen Seele in einem schönen Körper. Kennst du die Geschichte von Moses, der die Wasser teilte, damit das Volk trockenen Fußes hindurchgehen konnte?‹

›Ja‹, sagte Andreas.

›Du bist Moses‹, sagte das Mädchen. ›Du spannst zwei widerstrebende Kräfte zusammen, damit das Publikum trockenen Fußes hinüber und nach Hause kommen kann.‹

›Wenn ich Moses bin‹, sagte er, ›wer bist du denn dann?‹

Nur einen Augenblick besann sich das Mädchen. ›Ich bin der Herr‹, sagte sie.

Andreas blickte auf die zarte Gestalt im Tüllröckchen und mit hochgesteckten Haaren. ›So sieht der Herr nicht aus‹, sagte er still.

›Begriffen habe ich es‹, sagte das Mädchen, als spräche sie, dachte Andreas, zu sich selbst, was sie wohl auch tat, ›als ich der Versuchung widerstand, dir die Wahrheit zu erzählen, da begriff ich, daß ich ganz außerhalb stand. Und daran erkennt man Gott. Daran, daß er ganz außerhalb steht.‹

›Zum Teufel noch mal‹, jammerte Andreas, ›du bist doch wohl auch ein Mensch wie wir.‹

›In gewisser Weise, Andreas‹, sagte das Mädchen, ›bin ich wie ihr, auf eine andere Art aber bin ich anders und allein. Und so ist es, Gott zu sein. Man versteht alles, aber man ist immer allein, deshalb kann man tun, was notwendig ist.‹

›Und was ist denn notwendig?‹ fragte er.

›Daß an diesem Theater getanzt wird‹, sagte das Mädchen.

›Auch wenn es so ist, wie du sagst, daß die Wahrheit über das Theater aus zwei Lügen besteht, die zueinander in einem Spannungsverhältnis stehen?‹ fragte er.

›In dem Fall‹, erwiderte sie, ›ist es noch wichtiger als je zuvor, daß ihr alle das Gefühl habt, für etwas zu arbeiten, das harmonisch und größer ist als ihr selbst.‹

›Und was ist mit dir‹, fragte Andreas, ›wofür arbeitest du?‹

›In zehn Jahren‹, erwiderte sie, ›werde ich Ballettmeisterin sein, der erste weibliche Ballettmeister an diesem Theater. Dann werden sie von mir sagen: Damals war sie eine große Tänzerin. Jetzt ist sie eine große Ballettmeisterin. Bis dahin werde ich reich sein, ich werde in ganz Europa bekannt sein, und die Tänzer am Theater hier werden mich in einer Weise fürchten, die sie sich in diesem Augenblick noch gar nicht vorstellen können.‹

›Ich glaube, ich habe eine Ahnung davon‹, sagte Andreas.

›Und doch‹, fuhr sie fort, ›werden Macht und Geld und Ehre nur Begleiterscheinungen sein, der wirkliche Grund wird ein ganz anderer sein. Ihr tut alle euer Bestes, ihr schuftet alle wie die Tiere. Aber diejenige, die Moses die Kraft verleiht, die Wasser zu teilen, und sie getrennt hält, obwohl sie sich damit wissentlich über die Wahrheit hinwegsetzt, die muß mehr als jeder andere unter dem Druck der Wassermassen und der Unwahrheiten handeln. Unter diesem Druck handeln, das heißt, seine Pflicht tun. Genau das tue ich. Und genau das tat der Meister, als er die Ballette schuf.‹

Sie war jetzt aus dem Sessel aufgestanden, und ihr Gesicht war dem von Andreas ganz nahe. Er sah, daß sie wie aus weiter Ferne zurückgekommen und in diesem Augenblick so ehrlich war, wie er sie zuvor nur zweimal gesehen hatte: als sie hoch über der Stadt allein im Raum getanzt und als ihr Kopf über der Sessellehne gehangen hatte. ›Ich tue meine Pflicht. Und ich tue sie für das einzige, das größer ist als ich und größer als wir alle zusammen‹, sagte sie, ›ich tue sie für den *Tanz*, damit hier, zu unseren Füßen, bestmöglich getanzt wird.‹

So viel von diesem Gespräch hatte Andreas behalten, oder so viel wollte er mir erzählen«, sagte Jakob. »Und jetzt hat diese Geschichte zwei mögliche Schlüsse.

Am nächsten Tag bekamen wir Andreas nicht zu sehen. Am Tag darauf aber lag im Theater eine Nachricht seiner Eltern, daß ihr Sohn, von dem sie geglaubt hatten, er würde sie ins Leben führen, sie statt dessen in die Hölle mitgenommen habe: Er hatte ein Jagdgewehr auf den Boden gestellt, dessen Lauf in den Mund gesteckt und abgedrückt.

Ich weiß nicht mehr, wie wir reagierten. Ich entsinne mich nur noch an das Bild, das ich vor mir sah, als mich die Nachricht traf. Ich hing betäubt und schwerelos in der Luft und wartete darauf, daß die Trauer auf mich einstürzen würde. Ich sah Andreas vor mir, über die dunklen Löcher des Laufs gebeugt, als rufe er in die Unterwelt hinunter, daß er sich aufgemacht habe, und dann dachte ich, da hat er sich eine schöne Sudelei zum Sterben ausgesucht. Sein feines Gespür für die Schönheit hat ihn also zuletzt verlassen, wo er doch eine so schöne Leiche hätte sein können.

Viel später sah ich ein, daß der Selbstmord der einzig würdige Abschluß war. Denn natürlich hätte die Zeit auch ihn eingeholt, natürlich wäre auch er alt geworden. Jetzt ging er statt dessen in die ewige Jugend ein, in der die Erinnerung des Theaters und des Publikums ihn festhalten wird. Es war der vollendete Abgang, weil er sein Leben zu einem romantischen Ballett gemacht hatte.

Dies, Rumi, ist der eine mögliche Schluß.«

Eine Zeitlang schwiegen sie.

»Nein«, sagte Rumi dann, »das war kein vollendeter Abgang, denn er enthält keine Erklärung dafür, daß du heute nacht hier sitzen und diese Geschichte erzählen kannst. Es muß immer eine Erklärung für den Platz des Erzählers in der Geschichte geben. Diese Nacht heißt auf arabisch *alilet*, Schicksalsnacht. In dieser Nacht erzählt Mohammed den Koran. Aber nur, weil Allah ihm diese Erzählung durch den Erzengel Gabriel geschickt hat. Im Koran ist die Rolle des Erzählers also deutlich. Und so muß es sein.«

»Warum?« fragte Jakob.

»Damit wir sicher sein können, daß wir die unverfälschte Wahrheit hören«, sagte der Mohammedaner. »Eine Geschichte kann unwahr sein. Aber die Geschichte und ihr Erzähler zusammen sind immer wahr.«

»Du hast recht«, sagte Jakob. »Diese Erzählung braucht eine Fortsetzung. Diese Fortsetzung ist gewissermaßen das Begräbnis von Andreas. Denn am Tag seiner Beerdigung tanzten wir abends zu seinem Andenken die *Sylphide*.

Der Vorschlag kam von dem Mädchen. Ich sehe jetzt, daß sie schon lange einen weit größeren Einfluß am Theater gehabt haben muß, als einem von uns Tänzern klar war, und nun wollte sie das Ballett tanzen, um ihrem Partner ein Denkmal zu setzen. Alle anderen fanden, diese Tatkraft gereiche ihr zur Ehre. Was ich selbst fand, weiß ich nicht mehr so recht. Aber ich erinnere mich, daß ich dachte, selbst den Tod kann sie also dazu benutzen, dem Tanz Leben zu verleihen.

Ich weiß nicht, warum sie wollte, daß ich die Partie des jungen Mannes, Andreas' Rolle, tanzte. Möglich, daß sie damals an einer neuen Geschichte arbeitete, an einem Totentanz, der mich zu einem neuen Andreas machen sollte. Aber ich glaube es nicht. Ich glaube, sie suchte mich aus, um mich enger an sich zu binden. Ich glaube, daß sie bereits damals spürte, daß ich etwas wußte, daß ich schon da etwas außerhalb stand. Selbstverständlich versuchte ich mich zu entziehen. Ich sagte, ich trauere, doch sie trat dicht an mich heran und sagte, der Tanz sei größer als die Trauer des einzelnen, und das sagte sie so, daß ich – auch wenn ich von ihr nicht gewußt hätte, was ich tatsächlich wußte – gemerkt hätte, hier spricht kein Mensch, sondern das Theater zu mir.

Ich möchte nicht behaupten, daß ich an dem Abend sonderlich klar sah. Aber ich meine mich ganz sicher zu erinnern, daß im Theater eine sehr schöne Stimmung herrschte, weil der Selbstmord eine so vollendete Tat gewesen war. Ich sagte bereits, daß ich das Publikum nicht verstand. An diesem Abend aber kam mir doch die leise Ahnung eines Verständnisses. Ich begriff nämlich, daß sie sich alle ab und zu gewünscht haben müssen, das wirkliche Leben solle so sein wie das Leben auf der Bühne. Daß sie auf unerklärliche Weise die Geschichte kannten, die das Mädchen Andreas erzählt hatte; daß es ihr gelungen war, diese tragische Lüge über ihr Leben an die Öffentlichkeit dringen zu lassen, so daß das Publikum jetzt wußte, daß Andreas, als er auf den Abzug trat und die Schrotkörner seinen Kopf verdampfen ließen, Leben und Kunst vereint hatte.

In der *Sylphide* stirbt der junge Mann aus Trauer über den Tod der unberührbaren Sylphide. Das Ballett ist ein Schrei zu den Göttern über die Schönheit und Tragödie der rein geistigen Liebe, und nun saßen sie alle unten im Saal und wußten, daß es genau dieser Schrei war, den Andreas in die Gewehrläufe geschrien hatte.

In den letzten Minuten vor der Vorstellung versuchte ich, Trauer und Zorn aus meinem Gemüt zu verbannen und diese Gefühle draußen in der Garderobe zu lassen, aber es gelang mir nicht. Ich tanzte den ersten Teil des Balletts, aber ich tanzte mit Kleister an den Füßen, und in meiner kurzen Pause, als das Mädchen sein großes, schmachtendes Solo hatte, ging ich an allen vorbei, die in den Kulissen standen und vor Rührung weinten, zurück zu meiner Garderobe, um einen kurzen Augenblick lang Ruhe zu finden.

Als ich mich vorbeugte und meine leeren Augen im Spiegel ansah, stand hinter mir im Dunkel ein weißes Gesicht, und noch bevor ich mich umdrehte, wußte ich, daß es Andreas war. Einen kalten, kalten Augenblick lang dachte ich, er sei vom Himmel auf die Erde gekommen, um mir meine Schwäche vorzuwerfen. Doch dann erinnerte ich mich an den weißen Hintern des Klumpfußes im Dunkeln und dachte, daß es mit den Engeln verdammt noch mal langsam reichen sollte, und außerdem sah ich, daß Andreas' Gesicht weiß aussah, weil er geschminkt war. Geschminkt und umgezogen, um meine oder richtiger seine eigene Rolle zu tanzen.

Was ich zu ihm sagte? ›Du bist also nicht tot?‹ ›Nein‹, sagte er. ›Sie hat mich gelehrt, daß die Lüge eine große und notwendige Kunst sein kann. Aber jetzt gehe ich an deiner Statt auf die Bühne.‹ ›Ist das eine gute Idee?‹ fragte ich. ›Findest du, man kann es einem Kameraden abschlagen, an seiner eigenen Beerdigung teilzunehmen?‹ fragte er und war verschwunden.

Aus der Kulisse sah ich, wie sie sich begegneten. Sie war sicher, er sei ich. Solange er sie noch nicht berührt hatte, war sie von tränenbenetztem und pfauenhaftem Triumph erfüllt, doch als er sie stützte, sie ihm das Gesicht zuwandte und ihn erkannte, erstarrte sie zuerst zu Eis, und dann begannen ihr die Federn auszufallen.

Obwohl sie innerlich zu Eis erstarrt war, trieb die phänomenale Routine ihren Körper weiter, so daß anfangs nur ich wirklich *sah*. Sah, wie Andreas sie selbstsicher, entspannt und rücksichtsvoll stützte, während er flüsternd auf sie einsprach. Ich kann nur raten, was er sagte: ›Der Tanz ist größer als der einzelne, auch größer als du, und wenn du nicht weitermachst, wenn du nicht mit mir zu Ende tanzt, dann nehme ich dich mit zur Bühnenrampe und erzähle ihnen allen die Wahrheit über uns beide, denn jetzt habe ich selbst nichts mehr zu verlieren, ich bin ja so gut wie tot, wenn du verstehst, was ich meine, und wer tot ist, steht außerhalb, und für den, der außerhalb steht, gelten ja ganz besondere Regeln.‹

Ich kann nicht sagen, wie lange sie tanzten, vielleicht einige Minuten, und in diesen Minuten hatte er eine schreckliche Macht über sie, in diesen Minuten hielt er sie in einer Leere fest, und wenn es überhaupt eine Gerechtigkeit gibt, dann hat sie in dieser Leere den Unterschied zwischen Wahrheit und Lüge kennengelernt.

Da verhaspelten sich ihre Beine, und in den Kulissen muß jemand Andreas erkannt haben, denn sie ließen den Vorhang herunter. Doch bevor er die Bühne berührte, schlüpfte Andreas unten durch und stand allein vor dem Publikum. Sie versuchten mich zu bewegen, mitzugehen und ihn zu holen, aber ich wollte nicht, ich blieb nur stehen und hörte zu.

›Meine Damen und Herren‹, sagte er, ›ich bin wirklich Andreas, der Andreas, den Sie für tot gehalten haben. Ich war auch tot, aber nun bin ich wieder auferstanden, und wenn Sie die Augen aufsperren und sterben und nur ein klein wenig wieder mit mir auferstehen, dann verspreche ich Ihnen, daß Sie noch heute abend mit mir im Paradies sein werden.‹

Da rissen sie ihn zurück und sperrten ihn ins Kittchen – eine kurze Zeit lang –, dann ließen sie ihn wieder raus, und er verschwand. Ich konnte nicht mehr mit ihm sprechen, ich sah ihn nicht mehr. Aber nach dieser Geschichte war es sehr schwer für mich, am Theater zu bleiben, ich fühlte mich dort nicht mehr wohl, und eines Tages ging ich weg. Deshalb, Rumi, kann ich dir diese Geschichte erzählen.«

Lange saßen sie still und sahen in den Mond, der nun aufgegangen war und über der schlafenden Stadt leuchtete.

»Du«, sagte Rumi dann voller Gewißheit, »bist Andreas.«

»Zwischen dem Andreas«, antwortete der andere, »der in Kopenhagen tanzte, und dem Jakob, der dir gegenübersitzt, liegt ein weiter Weg.«

»Aber«, sagte Rumi, »es ist durchaus denkbar, daß auch Andreas irgendwo auf der Welt auf einem Schiffsdeck sitzt und den Mond anschaut.«

»Ja«, antwortete Jakob, »das ist durchaus denkbar.«

»Hat irgend jemand etwas aus Andreas' Schicksal gelernt?« fragte der Mohammedaner. »Kam jemand aus dem Publikum mit ihm ins Paradies?«

»Nein«, sagte Jakob. »Dorthin gelangte er allein.«

»Wer hat denn dann etwas gelernt?« fragte Rumi.

»Ich«, sagte Jakob. »Ich habe gelernt, daß es notwendig sein kann, außerhalb zu stehen, um klar zu sehen. Und ich kann nicht sagen, wer in dieser Geschichte mich das gelehrt hat.

Seit einiger Zeit meine ich, daß ich auch etwas anderes gelernt habe. In den letzten Wochen ist es schon mal passiert, daß ich aufgehört habe, mich zu ärgern, daß ich das Theater, das Mädchen und Andreas ohne Zorn gesehen habe, als sei ich jetzt imstande, das alles mit den Augen eines anderen Menschen zu erleben, als sei es doch möglich, innerhalb zu stehen.«

»Mit wessen Augen?« fragte Rumi.

»Denen vom Klumpfuß«, antwortete Jakob. »Und in diesen Augenblicken vergebe ich ihnen allen.«

»Vergebung ist schön«, sagte Rumi. Mit glasklarer, gedämpfter, aber dennoch kraftvoller Stimme, die für ein großes Publikum geschaffen und daran gewöhnt war, rezitierte er:

»Denen, die glauben,
sollst du sagen,
daß sie vergeben müssen denen,

die sich nicht nach Allahs Reich sehnen.
Allah allein wird
mit Gut und Böse vergelten
die Taten der Menschen.«

Langsam kam Jakob hoch, streckte sich und lehnte sich gegen die Takelage. Das Mondlicht fiel durch das Karomuster der Taue wie durch einen Filter und umschloß seinen Oberkörper mit einem imaginären Harlekinanzug. Die beiden Männer sahen nachdenklich in die Nacht hinaus, und ohne daß sie ein Wort gewechselt hätten, schlugen ihre Gedanken die gleiche Richtung ein und bewegten sich gemeinsam weiter, und sie dachten, daß ihre Geschichte jetzt zwei mögliche Schlüsse habe. Es war in diesem Augenblick nicht zu entscheiden, ob sie bleiben und das Kommende abwarten oder abstoßen, die Segel hissen und versuchen würden, ihre Beharrlichkeit den Fluß hinunter Richtung Meer einzuschiffen.

Urteil in Sachen Gerichtspräsident Ignatio Landstad Rasker

Will man die Geschichte Europas im 19. und 20. Jahrhundert verstehen, kann man sich dem Beamtenstand zuwenden. Seiner rätselhaften, monoton ausdauernden Arbeitsamkeit, seinem Talent zum Entsagen, seiner tief begrabenen und dennoch anmaßenden Empfindsamkeit.

Planen heißt eine Spannung etablieren. Seinen Plan verwirklichen heißt diese Spannung aufrechterhalten. In der Geschichte Europas entwickelte sich die Kunst der Planung beim Beamtenstand bis zur Vollkommenheit. Und zugleich damit: die Kunst, Anspannungen zu schaffen und auszuhalten.

Die Seismologie ist die Wissenschaft von den Oberflächenerschütterungen, die durch Spannungen unter der Erdoberfläche hervorgerufen werden. Das Studium der Liebe ist die Seismologie der Persönlichkeit und der menschlichen Gemeinschaft. Deshalb blicken die Welt und die Familie, wenn sie Bescheid über die Zukunft wissen wollen, zuerst auf das Liebesleben ihrer Kinder.

Um ein Mitmensch zu werden, muß man seinen Liebesdrang eindämmen können. Um Staatsbürger zu werden, muß man ihn eindämmen und kanalisieren können. Wer sein ganzes Leben an diese erotische Ingenieurarbeit setzen kann, kann ein großer Beamter werden. Wer weder zu kanalisieren noch sein Leben einzusetzen vermag, kann eine Tragödie werden. Oder Künstler. Oder etwas Drittes, Unvorhersehbares.

Am 19. März 1929 wurden Thomas Landstad Rasker und Charlotte Römer in der Holmenskirche zu Kopenhagen getraut.

Am Nachmittag desselben Tages schauten die Neuvermählten aus den hohen Fenstern der Wohnung von Thomas' Vater auf den Frederiksholmskanal und das Sonnenuntergangslicht über der Hauptstadt. Am dritten Fenster des Zimmers stand Thomas' Mutter, Eline Landstad Rasker.

Der Tag war diesig gewesen, jetzt fing der Nebel das Sonnenlicht ein, und ein großer goldener Schleier senkte sich über die Schloßkirche, die königlichen Ställe und das Oberste Gericht, weiter oben, über Kirche, Heer und Verwaltung, war der Himmel klarblau.

Eline blickte in den hellen Himmel und meinte, eine lange, leuchtende Reihe anderer Sonnenuntergänge zu sehen. In ihrem Herzen sammelten sich die Jahre, die sie gelebt hatte, in einem einzigen Punkt aus Glück, Wehmut, explosivem Überdruck und der Gewißheit, daß vor uns die Nacht wartet. Sie sah ihren Sohn und ihre Schwiegertochter an und versuchte ihre Gedanken zu deuten, und wie so oft zuvor dachte sie daran, wie wenig Eltern über ihre Kinder wissen, ja wie wenig der Mensch überhaupt begreift, woran er als Schöpfer selbst teilhat.

Da ging die Tür hinter ihnen auf, und im Raum stand Hektor Landstad Rasker.

Der beim Obersten Gericht zugelassene Anwalt würde nie allein sein. Überall würde er ein Schattengefolge aus mittlerweile verstorbenen Männern um sich haben, deren Taten für die dänische Gesellschaft jedoch weiterlebten. Acht Generationen lang hatte das Geschlecht Landstad Rasker an der Universität, in den Ministerien und bei den Gerichten das Rückgrat des dänischen Rechtssystems gebildet, die Kräfte, die es in den Dienst der Gerechtigkeit gestellt hatte, hatten sich angesammelt und waren als selbstverständliche Verpflichtung vom Vater an den Sohn weitergereicht worden. Zu dem ihm so Geschenkten hatte Hektor Landstad Rasker seine eigene steile Karriere, seine Habilitation, seine Siege im Akademischen Boxklub, seine Reisen und Fremdsprachen, seine Sitze in verschiedenen Aufsichtsräten hinzugefügt, und seine eigenen und die Verdienste anderer hatten sich um seine hohe Gestalt zu einer Aura magnetischer Stärke verdichtet. Diese Kraft verließ ihn anscheinend nie, auch jetzt war sie um ihn. Als er die ledergepolsterte Doppeltür schloß und den drei Menschen vor ihm bedeutete, um einen niedrigen, runden Tisch Platz zu nehmen, da schloß er die Außenwelt in jeder Hinsicht aus. Am selben Abend noch würde sich die weitläufige Wohnung mit Gästen und danach mit Musik füllen, doch in diesem Moment gab es für diese vier Menschen nur sie selbst.

In der Kirche hatte der Anwalt die Uniform des Obersten Gerichts getragen. Ihr militärischer Schnitt, der Degen und das Großkreuz oben links an der Brust hatten seine durchtrainierte Gestalt und natürliche Würde betont. Jetzt hatte er sich umgezogen und trug einen dunklen, eleganten Anzug, aber was immer er anhat, dachte Eline, ich kenne ihn nicht.

Ihre Ehe mit dem Mann, der jetzt vor ihr stand, hatte ein Jahr gedauert. Kurz vor Thomas' Geburt hatte er sich von ihr scheiden, sie aus seiner Wohnung ausziehen und in eine andere, am Gammel Strand, einziehen lassen. Jeden Tag hatte sie seitdem zu seinen Fenstern hinübergesehen, die aus der gekalkten Fassade wie blinde, dunkle Augen in einem weißen Gesicht vor sich hin blickten, und jeden Sonntagnachmittag waren sie und Thomas die wenigen hundert Meter die Kanäle entlang zu der schweren Einfahrt gegangen und hatten in dem Raum, in dem jetzt für die Gäste gedeckt wurde, mit Hektor Landstad Rasker Schokolade getrunken. Er machte zurückhaltend, doch höflich Konversation mit seiner ehemaligen Gattin, während Thomas im Matrosenanzug auf der Stuhlkante saß, an seiner Silberflöte lutschte und den Mann anschaute, der sein Vater war.

So stark war die Kraft, die von Hektor Landstad Rasker ausging, so groß die Eline umgebende Würde, und so begrenzt waren die Auskünfte, die sie sich entreißen ließen, daß das Ende ihrer Ehe nur ganz privat, nur mit der äußersten Behutsamkeit und nie mit ihnen selbst erörtert wurde. Einmal hatte einer der Männer, die durch Elines Leben gehen sollten, in einem wilden und verzweifelten Versuch, selbst die entlegensten Winkel ihres Daseins zu besetzen und dort seine Flagge zu hissen, eine Erklärung verlangt. Da war sie zum Fenster gegangen und hatte auf den Kanal geblickt.

»Es heißt«, sagte sie, »in der Eiszeit sei es einigen Großkatzen ganz widernatürlich gelungen, auf dem Eis zu überleben. So sehe ich ihn vor mir, einen Säbelzahntiger auf einem Gletscher.«

»Also eine bewundernswerte und tragische Gestalt«, konstatierte der Mann hinter ihr bitter.

»Nein«, sagte Eline, »ein Mitgeschöpf, das kalte Füße hat.«

Mehr war ihr nicht zu entlocken. Thomas fragte nie, aber als sie ihn für groß genug hielt, um neugierig zu sein, sagte sie: »Dein Vater wird dir das erklären. Er ist Rechtsanwalt. Er kann es so darstellen, wie es war.«

In dem Augenblick, als Hektor Landstad Rasker die Tür schloß, sich ihnen zuwandte und ihnen bedeutete, Platz zu nehmen, begriff sie, daß jetzt, nach zwanzig Jahren, die Zeit für seine Ausführungen gekommen sei, und dachte: »Die Verhandlung ist eröffnet.«

Da hob der Anwalt seine rechte Hand und zeigte ihnen allen, daß er ein langes Tranchiermesser mitgebracht hatte. Wie aus stiller innerer Belustigung heraus lächelte er den abwartenden Gesichtern zu und ging zum Tisch. Auf der polierten Platte stand eine große, staubige, hochschultrige Weinflasche.

»Dies«, sagte er, »ist eine Flasche Vintage Port, Quinta do Noval, aus der Lese des Jahres, in dem du, Thomas, geboren wurdest. Für mich besteht die Größe des Weines nicht in erster Linie in der Wirkung des Alkohols, nicht in seinem Geschmack oder in seiner Farbe, nicht einmal in seinem Preis. Für mich liegt der Wert dieser Flasche in ihrer Fähigkeit, Erinnerungen zu binden und danach freizusetzen. Der Wein ist in der Flasche gereift und hat sich eine Art flüchtige, aber intensive Wahrheit seiner Geburt erhalten und sie noch verstärkt. Mißversteht mich nicht. Auch für mich ist der Rausch eine Gabe Gottes an uns Menschen, damit wir klarsehen können, und auch ich habe alles über die Farbe Rot gelernt, indem ich eine Kerze durch ein Glas Burgunder betrachtet habe. Vor allem aber soll mich der Wein zurückschauen lassen, auf das Jahr, in dem die Trauben gelesen wurden.

So auch mit dieser Flasche. Sie bietet uns Antwort auf viele Fragen und stellt uns hier zu Beginn nur eine: Wie wollen wir sie öffnen? Denn das ist ein empfindlicher Wein, der nach nur wenigen Jahren im Faß umgefüllt wurde. Er hat in der Flasche einen Bodensatz gebildet, einen Klumpen Wertlosigkeit, einen bitteren Staub aus Traubenschalen, Kernen und Stielresten, den Abfall des chemischen Unwetters, das durch diese Flasche gerast ist, damit sie es uns an diesem Tag ermöglichen kann, uns ganz deutlich zu erinnern.

Ich könnte einen Korkenzieher benutzen, werdet ihr sagen. Doch damit müßte ich zunächst das Bleisiegel entfernen und danach eine Reihe anderer störender Operationen durchführen, ich müßte die Flasche befingern, und denkt daran, daß sie drei Tage lang unberührt auf diesem Tisch gestanden hat, damit sich der Wein vollständig klären konnte. Mit einem Korkenzieher würde ich unweigerlich den Bodensatz aufwirbeln.

Dies ist nur eine Flasche, doch die Frage des Weines ist auch die Frage der Gesellschaft, und jetzt spreche ich als Jurist zu euch. Wie den Bodensatz ausscheiden, wie ihn vom reinen Wein trennen? Um diese Frage dreht sich mein Leben.«

Der Anwalt legte die Hand auf die Schulter der Flasche, schwang mit einer plötzlichen, heftigen Bewegung das Messer in einem großen Halbkreis zur Flasche hin, und mit einem scharfen, spröden Laut schien sich der Flaschenhals aufzulösen und zu verschwinden; während das Echo von pulverisiertem Glas auf dem Parkettboden erstarb, sahen sie alle auf den glatten Schnitt, der den Wein freigelegt, ihn jedoch unangetastet gelassen hatte.

»Ich habe mir«, sagte der Anwalt, »diese kleine Demonstration erlaubt als Argument für die Ansicht, daß die brutalste Lösung oft die sanfteste ist.«

Er wandte sich von ihnen ab und nahm aus einem Schrank eine Karaffe und vier Gläser. Dann hob er die Flasche und goß den Inhalt langsam um; mit den ersten Tropfen schien der Wein aus seinem Schlaf zu erwachen; wie eine große, unsichtbare Blüte entfaltete sich sein Duft über die Tischplatte hinaus im Raum, eine heiße Erinnerung an sonnenversengte, erdbraune Hänge an einem träge dahinströmenden Fluß. Hektor Landstad Rasker schnupperte an dem Wein. »Dies ist«, sagte er, »der Duft eines Winters vor zweiundzwanzig Jahren.«

»In diesem Zimmer«, begann er, »überbrachten sie mir den Brief meines Vaters.«

Die Hände auf dem Rücken, ging der Anwalt zur Wand und sah einen Augenblick aufmerksam auf das dunkle, ovale Porträt seines Vaters, des Präsidenten am Obersten Gericht Ignatio Landstad Rasker. Als er sich erneut den dreien am Tisch zuwandte, war die Ähnlichkeit der beiden Männer frappant. Der Gerichtspräsident war auf dem Gemälde von der Seite beleuchtet, das Licht fing sich in seinen weißen Haaren und in dem fein ziselierten Wasserfall kleiner Fältchen, die seinen Augen entströmten. Das Gesicht des Anwalts darunter war glatt, sein Haar dicht und dunkel, und dennoch spürte Eline wegen der melancholischen, katzenhaften Schönheit der beiden Männer wie schon so oft eine Trockenheit im Mund und einen leichten Druck auf dem Herzen. Und wie so oft schon dachte sie, diese Schönheit sei unerklärlich und sonderbar verhalten, es war, als zögen die schräg geschnittenen Augen, die langen Wimpern und die verletzlichen Lippen den Betrachter an sich und durch die Haut in ein Zentrum rätselhafter Trauer. »Und auch ich«, dachte Eline, »auch ich, nach allem, was geschehen ist, und nach all diesen Jahren, muß auch ich die Armlehne des Stuhls umklammern, um nicht fort- und hinabgesogen zu werden.«

»Du weißt«, sagte der Anwalt zu Thomas nun so, als spräche er nur zu ihm, »was dein Großvater für Dänemark bedeutet hat. Du weißt, daß er für seine Zeitgenossen das definitive Symbol des Obersten Gerichts war, die höchste Rechtsinstanz, deren Urteile inappellabel sind, die Gerechtigkeit selbst. Du weißt auch, daß er sein Amt unter Umständen niederlegte, die nie an die Öffentlichkeit gedrungen sind.

Aber du weißt noch nicht, was er für mich war und wurde. Um euch das zu erzählen, habe ich euch hier versammelt. Um dir zu erzählen, daß er auch in seinem Privatleben, auch für mich, die höchste und letzte Instanz des Daseins war.

Ich meine, daß Eltern den Respekt ihrer Kinder erwarten dürfen, nicht aber ihre Bewunderung. Um Bewunderung muß man sich verdient machen, die kann man von keinem Menschen verlangen. Dein Großvater gewann meine Bewunderung und nahm sie mit der gleichen Sicherheit hin, wie er die Bewunderung der Öffentlichkeit gewann, und zwar weil er ein Mensch ohne Fehl war.

Du weißt, daß der Mensch von heute einen Januskopf hat. Daß er der Öffentlichkeit konzentrierte, gespannte Züge zeigt, dem Privatleben aber ein ruhiges, entspanntes Gesicht, und so soll es auch sein. Die Gesellschaft ist eine zerbrechliche Ordnung, ununterbrochen vom Chaos bedroht, und kann nur durch weitgehende, mühselige Selbstbeherrschung aufrechterhalten werden, die die meisten, weitaus die meisten, ablegen, ja, abstreifen, sobald sie sich denen zuwenden, die ihnen nahestehen.

Aber es gibt Ausnahmen von dieser Regel, Menschen, für die Selbstbeherrschung keine Anspannung ist, sondern ein tiefer, unveräußerlicher, unablegbarer Teil ihres Charakters. Ein solcher Mensch war dein Großvater.

Beachte bitte, daß ich nicht sage, er sei unmenschlich gewesen. Ich habe andere Staatsbürger gesehen, deren Seele in einer Grabkammer der Korrektheit eingesperrt war und die jeden Tag zum Gericht und wieder nach Hause gingen, ohne jemals menschliche Züge zu zeigen, ohne je lebendig zu sein. Der Charakter deines Großvaters war von anderer Art, einer Art, für die es Jahrhunderte braucht. Er war ein Mensch, dessen Wesen mit der Geschichte verschmilzt. Wenn du mich fragst, wer deinen Großvater erzogen hatte, so könnte ich antworten: seine Eltern und Kindermädchen. Mit ebenso großem, ja größerem Recht aber könnte ich sagen: die Zeit hatte ihn erzogen, Dänemark hatte ihn erzogen, oder besser noch: die Gerechtigkeit – die Gerechtigkeit der großen dänischen Juristen Anders Sandøe Ørsted und Carl Goos – hatte ihn erzogen. Wir durchleben in diesen Jahren so viele Veränderungen, daß ein reiner Charakter wie der seine sich bereits in den Nebeln der allgemeinen Auflösung verliert. Aber soviel kann ich dir sagen, so sonderbar mühelos gerecht, so unbestechlich geradlinig war dein Großvater, daß Justizminister Alberti, der die Übung eines langen Lebens darin besaß, das Gesetz sensibel zu beugen und den Verhältnissen anzupassen, einmal gereizt sagte, zwischen Ignatio Landstad Rasker und die Gerechtigkeit sei nicht einmal etwas so Schmales wie ein Hunderttalerschein zu klemmen.

Als ich etwa zehn Jahre alt war, bat ihn der große Maler Willumsen, für sein Gemälde *Die Gerechtigkeit kämpft gegen das Unrecht* Modell zu stehen, und ich entsinne mich noch deutlich an die langen, sonnenhellen Tage im Atelier, an denen mein Vater im Raum stand, nackt, gekrümmt im Kampf gegen das finstere Unrecht. Ich erinnere mich, wie seine Kraft auf mich, der ich still auf dem Boden saß, ausstrahlte, aber auch auf den jungen Maler, der hektisch und gebannt arbeitete, und schon da, bereits Jahre bevor ich den Gedanken überhaupt hätte formulieren können, spürte ich, daß die Stärke meines Vaters untrennbar mit seiner öffentlichen Funktion, seiner Richterrobe und seiner Uniform verbunden war.

Ich stand neben meinem Vater, als Willumsen das fertige Gemälde präsentierte. Es zeigte sich, daß er dem Gesicht ganz gegen die Absprache die Züge meines Vaters verliehen hatte. Ohne die Stimme zu erheben, machte dieser den Maler auf den Fehler aufmerksam, aber Willumsen fertigte ihn kurz ab, erzählte ihm, welche Mühe es machen würde, das Bild umzumalen, und daß es eine Ehre sei, so als Gerechtigkeit porträtiert zu werden. Da öffnete dein Großvater einen Spaltbreit eine Tür zu seinem Inneren und ließ den Maler einen Blick auf eine nicht zu erschütternde Willensstärke tun. ›Sie werden‹, sagte er, ›die Güte haben, meine Züge durch andere zu ersetzen. Sie begreifen gewiß, daß Personenkult mit meiner Stellung als Richter am Obersten Gericht des Landes unvereinbar ist.‹

Willumsen prallte zurück, erinnere ich mich, als

habe ihn etwas getroffen, und das war ja auch der Fall, das Rechtsbewußtsein eines Mannes war mit der moralischen Unsicherheit des Künstlers zusammengestoßen, und wir wußten, daß er die Gesichtszüge verändern würde. Neben meinem Vater stand ich, aufrecht, sehr jung, außerstande, alles zu verstehen, und mir doch völlig darüber im klaren, daß mein Vater selbst als Privatperson, hier vor dem Künstler, ein Vorbild war; selbst nackt verlor er keine Sekunde das Gespür für das Zulässige.

Ich will nicht bei den Jahren verweilen, die zwischen diesem Erlebnis und den Ereignissen liegen, von denen ich erzählen möchte. Ich möchte nur sagen, daß es keinen Augenblick gegeben hat, in dem er mir nicht wie ein Stern voranleuchtete. Ich bin mit einem Abstand zwischen Vater und Sohn aufgewachsen, der in unseren Tagen verschwindet, der für mich aber sein Gutes hat, ja recht besehen wohl notwendig ist. Ich habe die sentimentalen Züge unserer Kultur nie gemocht, habe nie eingesehen, weshalb sich Individuen unbedingt umklammern müssen wie Blinde, die fühlend versuchen, andere in ihr eigenes Dunkel hineinzuziehen. Ich glaube an das Licht, und ein solches Licht war mein Vater. Der Mensch muß Vorbilder haben, es ist ungemein wichtig, daß jemand den Mut und das Format hat, aufzustehen und zu sagen, man muß dem Dasein so, genau so, entgegentreten. Für die meisten jungen Menschen wird das Leben zum erstenmal zu einer Wüste des Ekels, wenn sie die Schwäche ihrer Eltern erkennen, und von dem Moment an ist es schwer oder unmöglich für sie, an das Ideal zu glauben. Ich entsinne mich selbst noch mit bodenloser Traurigkeit an den Augenblick, als meine Mutter mich zum erstenmal belog, und danach an ihre und die Schwäche anderer Frauen als eine endlose Mahnung an den grauen Tod, der vor uns allen liegt. Ich glaube, wenn der Tod kommt, kommt er als Frau, die an meiner Seite steht und mir versichert, daß ich ewig leben werde.

Mit meinem Vater war es anders, von ihm wußte ich, daß er das Dasein im Griff hatte. Nicht nur die Teile, die so wollen wie wir, sondern das gesamte Dasein, jenes Wesen mit kühler, glatter Haut, das sich windet, dreht und wendet, wenn wir es festzuhalten versuchen, auch das hatte er im Griff, hielt es in Armeslänge auf Abstand und starrte es unverwandt an.

Ich gebe mich nicht sehr viel mit Träumen ab, aber ich kann euch verraten, daß ich einen Traum vom Alter hatte. Ich weiß nicht, wann er entstand, ich glaube, als ich ungefähr zwanzig Jahre alt war, eines Tages in den Spiegel blickte und einen Schatten, eine Furche entdeckte, die sich wie ein kleiner, feiner Wurm über meine Wange herabzog. Ich lachte darüber, sah, daß sie nur tiefer wurde, und erkannte, daß es der Schlangenwurm der Zeit war, ein kleines, empfindliches Reptil, eine Warnung, daß etwas angefangen hat und nie mehr aufhören wird, bevor alles aufhört. Ich glaube, ich muß bis dahin nach unten geschaut haben, drauflosgewandert sein, den Blick zu Boden gerichtet. In diesem Augenblick aber sah ich auf und dem entgegen, was uns alle erwartet, und da sah ich meinen Vater neu. Nicht mehr als den Olymp, als ferne Zinne, sondern als das, was mich selbst erwartete, und da entstand in mir eine Vorstellung von seinem Alter.

Seit dem Tag spürte ich, daß wir Menschen uns aus dem Staub erhoben und seiner gespottet haben, als würden wir nie mehr darniederliegen. Ich glaube, wir schlafen in Betten, weil wir uns die Erde vom Leib halten wollen, um einander und uns selbst davon zu überzeugen, daß der Schlaf nur zeitweilig dauert.

Aber die Erde erwartet uns, ich weiß das, seit ich zwanzig bin. Ich kann dir sagen, daß ich seither jeden Morgen mit dem deutlichen Gefühl aufgewacht bin, begraben zu sein; wie acht Fuß Erde lasten die Schwerkraft und die Gewißheit auf mir, daß das Dasein ein obligatorisches Maß an Schmerz für uns bereithält, und ich denke, über mir haben sie meinen Sarg vernagelt. Dann erkenne ich, daß es zu früh ist, sehe ein, daß der Tod ein Schlendrian ist, ein Ruhestand, den ich noch nicht verdient habe, ein Freispruch auf unrichtiger Grundlage, und dann schlage ich das Leichentuch zur Seite, stampfe durch die Erde nach oben und begrüße den neuen Tag, und ich sage das ohne Bitterkeit, aber auch ohne Illusionen.

Um jeden Tag die Kraft haben zu können, sich aus seinem eigenen Grab zu ziehen, brauchen wir Hilfe, und die holte ich mir bei meinem Vater.

Ich machte mir ein Bild von ihm als altem Mann in seiner Bibliothek. Dieses Bild hatte ich mir wohl aus Protest gegen den Verfall zurechtgelegt. Gegen das Alter, das uns jeden Tag umgibt und Ausgelöschtsein bedeutet, alte Menschen, die vergessen, ihre Schuhe anzuziehen, wenn sie ausgehen, Richter, die mich nach vorn rufen müssen, weil sie nicht hören können, was ich sage, und die die Gerichtsverhandlungen unterbrechen, indem sie sich erheben und sagen, das Gericht vertage sich, das Gericht müsse mal eben die Beine strecken, denn das Gericht habe Krampfadern! Wenn ich gesprochen habe, starren sie mich mit leeren Augen an, mit Augen voller seniler

Schatten und voller Dinge, die sie nicht mehr verstehen.

Als Gegengewicht zu diesem Dunkel, das mich nach unten zu ziehen begann, bevor ich erwachsen war, machte ich mir ein Bild von meinem Vater. Er sitzt in seiner Bibliothek, weißhaarig wie auf diesem Porträt, faltig, ungebeugt und kristallklar und tief wie eine Quelle. Er liest, ich trete ein und sehe, daß wir einander gleichen, zwei Menschen, die sich geistig und körperlich aufrecht halten. Ich stelle ihm eine Frage, er gibt mir eine Antwort, eine kurze, klare Antwort, wie eine blanke Kapsel aus kristalliner Erfahrung, aus dem Salz des Lebens, ich nicke und verlasse ihn. So sah ich ihn vor mir, und nichts, nichts deutete damals darauf hin, daß sich dieser Traum nicht erfüllen würde. Bis ich seinen Brief erhielt.

Er hatte mir bis dahin noch nie geschrieben. Väter schrieben wohl nicht viel an ihre Söhne, außerdem besaß er die Vorsicht des Juristen im Umgang mit dem geschriebenen Wort. Worüber hätte er mir denn wohl auch schreiben sollen? Das eine Mal im Internat Herlufsholm, als sich die Schule an ihn wandte und ihn bat, mich schriftlich zu rügen, weil ich die homosexuellen Annäherungen eines Kameraden zurückgewiesen hatte, indem ich ihm zwei Zähne ausschlug und ihn eine halbe Stunde unter die kalte Dusche hängte, um ihm einen Einblick in eine maskuline Vorstellungswelt zu geben, da setzte er sich in seinen Mercedes, fuhr ihn zur Schule und in den Hof, parkte in den Rosen und ging in das Büro des Rektors, trat vor ihn hin und sagte: ›Ich komme, um Sie darauf aufmerksam zu machen, daß mich die Maßnahmen meines Sohnes nichts angehen.‹

Sein Brief kam an einem Wintertag, und ich las ihn in diesem Zimmer. Deine Mutter war auch hier, sie erwartete dich, und draußen war es eisig kalt. Er schrieb: ›Ich bitte Euch zu kommen. Es ist wichtiger und dringender, als Ihr ahnt.‹

Ich entsinne mich, daß ich wie gelähmt war. Noch nie hatte ich ihn um etwas bitten hören, nicht einmal bei Tisch. Auch dort griff er, wie im Leben, selbst nach den Dingen. Er machte auf einen Fehler aufmerksam, er wies das Dasein zurecht, nie zuvor aber hatte er jemanden um etwas gebeten.

Ich war dreißig Jahre alt, ich hatte eine Gattin, eine Wohnung, eine Bestallung, bald würde ich Vater sein, und trotzdem fuhren wir. Nicht am nächsten Morgen, nicht am selben Abend, sondern noch in derselben Stunde, denn solcherart war das Verlangen deines Großvaters, obgleich es wie hier als Bitte verkleidet war, und keine Sekunde war ich mir darüber im Zweifel, daß er uns rief, weil er herausgefunden hatte, daß er sterben müsse.

Ich kann dir nicht sagen, woher ich das mit so großer Sicherheit wußte, doch überlege, was er tat: Mit seinem Brief streckte er die Hand aus und griff in meine Arbeit ein; instinktiv wußte ich, daß er sich wie auch ich darüber im klaren war, daß nur, wer vom Sterbebett aus ruft, das Recht hat, die Lebenden von ihrer Arbeit wegzurufen.

Er war zu der Insel hinausgefahren, die unserer Familie gehörte und dort liegt, wo das Kattegat auf das Skagerrak trifft, so etwa am letzten Zipfel von Dänemark. Dorthin fuhr er, wenn er einen umfangreichen Schriftsatz durcharbeiten wollte. Dorthin war er also gefahren.

Die Insel gehörte unserer Familie seit fünf Generationen. Ihr nördlicher Teil war eine Wüste, wenn dieses Wort denn einen Sinn hat, eine je nach Jahreszeit eisgekühlte oder sonnenversengte Fläche aus hartem Sand, auf dem der Nordwind den Strandhafer zwang, um jeden Fußbreit zu kämpfen. Genau hier hatte mein Vater sein Haus gebaut. Ich möchte sagen, es war ein Palais, zwar aus Holz, aber doch ein Palais, ein weißes, zweistöckiges Haus mit Säulen, glasierten Ziegeln und einem hohen Zaun um einen Garten, in dem ein Gärtner Rosen züchtete. Ich glaube, es mußten ausgerechnet Rosen sein, weil mein Vater zeigen wollte, daß sich ein Mann nichts bieten lassen soll, nicht einmal von den Naturkräften.

Wir waren die Nacht hindurch gereist und kamen am Morgen an, an einem Tag, der gelb war vor Sonne, doch mit klirrender, tiefer, klarer Kälte. Das Meer war ganz still, kein Wind rührte sich, und das Wasser hatte eine Haut aus hauchdünnem, blankem Eis, das sirrend sang, wo die Fähre es durchschnitt, und so klar und behutsam wie dieses Eis, dachte ich, schließt sich der Tod um meinen Vater.

Wir waren zwölf Passagiere auf der Fähre, und vom ersten Augenblick an wußte ich, daß sie, bevor der Tag um war, mit mir zu Tisch sitzen sollten. Ich fand es charakteristisch für den kultivierten Humor meines Vaters, daß er dafür gesorgt hatte, daß wir dreizehn sein würden, dreizehn wie beim letzten Abendmahl und dreizehn wie die Zahl der Richter am Obersten Gericht.

Wen erkannte ich? Meine Mutter natürlich, zwei Richter, den Leiter der Sittenpolizei, einen Juraprofessor und den Bischof von Seeland, der, wie ich wußte, mit meinem Vater zur Schule gegangen war. Am Fähranleger wurden wir von zwei Landauern abgeholt, und auf der kurzen Fahrt erlebte ich etwas für mich ganz Ungewöhnliches. Du weißt, daß ich, ohne Misanthrop zu sein, meine Mitmenschen mit der Skepsis des Juristen sehe. So weit ich zurückdenken kann, habe ich durch Menschen hindurchgesehen, immer sehe ich hinter der zuvorkommenden und höflichen Fassade die Rückseite, und mit diesem Blick kann man sich seine Illusionen unmöglich erhalten. Ich bin ein Mensch ohne vorgefaßte Meinungen, doch auch ohne Hoffnungen. Ich habe mich in meinem Leben nur sehr wenigen Personen verbunden gefühlt, und auch dann immer erst, wenn sie ihren Wert vollauf bewiesen hatten.

Dennoch erlebte ich auf dieser Fahrt, daß ich eine spontane Sympathie für meine Reisegenossen empfand, daß ich ein plötzliches Gemeinschaftsgefühl erfuhr. Das sind, dachte ich, die Menschen, die meinem Vater nahegestanden haben, ihnen will er seinen Letzten Willen mitteilen, das sind die Menschen, die bezeugen können, daß sein Leben dem Ideal so nahe gekommen ist, wie das einem Menschenleben überhaupt möglich ist. Der Bischof hat ihn als jungen Mann gekannt, dachte ich, die Richter und der Professor haben ihn von Amts wegen gekannt, und selbst meine Mutter würde, falls wir das Glück haben sollten, einen ihrer seltenen rationalen Augenblicke zu erleben, zugeben, daß er vor wie nach der Auflösung ihrer Ehe ein großzügiges und unantastbares Verantwortungsbewußtsein gezeigt hatte.

Die übrigen vier Frauen verwirrten mich etwas, doch auch ihre Anwesenheit würde eine vollgültige Erklärung finden, auch sie schloß ich auf dieser Fahrt in eine mich selbst überrumpelnde Freundlichkeit ein.

Ich will keinen Zweifel daran lassen, daß mein Inneres vor Kälte so erstarrt war wie die Landschaft, durch die wir hindurchfuhren, daß ich, seit ich den Brief meines Vaters beiseite gelegt hatte, für mich keinen Weg zurück ins Leben gesehen hatte, wenn mein Vater nicht mehr war. Wie ich so dasaß und im Wagen hin und her gerüttelt wurde, umschloß eine klare, hauchdünne Haut aus Eis mein Herz. Zugleich war in mir – das begreife, wer will – eine neue Vitalität, eine rätselhafte Heiterkeit. Ich meinte das so zu empfinden, weil mein Vater es so von mir gewollt hätte. In dem Leben, das er von sich weg und auf Abstand hielt und immer deutlich im Blickfeld hatte, gab es auch den Tod. Der war nun, in seiner denkbar schlimmsten Form, in meine Nähe gerückt, und ich merkte, daß ich seiner Kälte, seiner Drohung mit einer Art innerem, alles versengendem Dauerfrost, mit starrköpfigem Trotz begegnete.

Diesen Trotz meinte ich auch bei meinen Reisegefährten zu verspüren, jedenfalls bei den Männern, denn alle strahlten sie eine umfassende, machtvolle Vornehmheit aus. Selbst dort auf den harten Holzsitzen, in Pelzen und Umhängen und in Decken eingehüllt, hatten sie nichts Hilfloses, nichts Eingeschnürtes oder Komisches an sich, sondern bewiesen ganz im Gegenteil eine gemeinsame, unbegrenzte, doch abwartende Tatkraft. Die Stellung gewisser Menschen ist an Dinge und Orte gebunden, an den Trainingssaal, an Kolben und Kathodenröhren, an Federhalter und Konzeptpapier. Die Stärke dieser Menschen war wie die meines Vaters mit der Geschichte, mit dem Vaterland verknüpft und verließ sie nie; selbst in dem rumpelnden Wagen gab sie ihnen die Ruhe, sich mit einem zwischenzeitlichen Mangel an Komfort abfinden zu können, weil sie wußten, daß sie schließlich am Ziel ankommen würden, wie sie bisher immer angekommen waren. Ich spürte, daß ich nicht mit zufälligen Fremden reiste. Ich reiste mit einem Abschnitt der Geschichte meines Landes, einem Abschnitt, von dem mein Vater ein untrennbarer Teil war.

Mit dieser Gewißheit nickte ich dem Tod freundlich zu, ich sah die gefrorene Fläche des Sandes von Kreuzen bedeckt und dachte, wir verschwinden nur dann wirklich, wenn wir fortgehen, ohne Spuren zu hinterlassen. Wer wie mein Vater Geschichte, Epoche gemacht hat, so bedeutende Bekannte hat, wer ein Haus in der Wüste erbaut und ein noch größeres Gebäude aus Worten in den dänischen Gerichtssälen errichtet hat, der läßt ein erfülltes Leben hinter sich, ein Werk, eine Großtat, und dann ist, was stirbt, im Verhältnis zu dem, was ewig lebt, nur wenig. In dieser Euphorie fühlte ich mich zu allem imstande, sogar dazu, freundlich mit meiner Mutter Konversation zu machen, und so erreichten wir das Haus, das in der Sonne aussah, als erwarte es uns zu einem Fest, nicht zu einem Abschied.

Er empfing uns auf der Terrasse, mich begrüßte er als letzten. Er behielt meine Hand in der seinen, wir sahen uns in die Augen, und mir wurde deutlich, daß ich hier zum letzten Außenposten des Lebens gelangt war, zum Land des Alters und der endgültigen Klärung.

Er hatte einen Koch angestellt, der das Essen zubereitete. Wir warteten in dem Zimmer zum Meer auf das Abendessen, während die Sonne unterging, wir setzten uns, und er stand vor uns, wie ich jetzt vor euch stehe, und da bemerkte ich zum erstenmal seinen fehlenden Ernst. Er zeigte uns seine Schiffe. Immer hatte er Schiffe in Flaschen gebaut, und diese Konstruktionen füllten den Raum in einer Weise aus, die ich nicht einmal als ganz kleiner Junge hatte verstehen können. Für mich sind und bleiben Flaschenschiffe eine Bastelarbeit für die unteren Schichten, sonderbare, erstarrte Seifenblasen um etwas Flüchtiges und Unechtes, und wie diese volkstümlichen Träume meinen Vater beschäftigen konnten, hatte ich nie verstanden. Bislang hatte er diesen Zeitvertreib jedoch für sich behalten, nur in diesem Haus auf dieser Insel hatte er seinem Hang nachgegeben, hier hatte er, der selbst nie Alkohol anrührte, zahllose Flaschen Barzac ausgeschüttet, weil ihm die klaren, hochschultrigen Flaschen gefielen. Aber er hatte es im stillen getan.

Jetzt zeigte er sie vor, jetzt nahm er sie nacheinander von ihrem Block und ließ sie als geschmacklosen Konvoi an unseren Augen vorbeisegeln. Ich weiß nicht, was die anderen Gäste empfanden, aber ich muß mich abgewendet haben, um meinen Ärger über seine sorglose Fröhlichkeit zu verbergen, denn plötzlich stand er neben meinem Stuhl.

›Hektor‹, sagte er, ›ich sehe, du läßt dich reizen. Und doch bestehe ich darauf, daß du dir dieses Schiff anschaust.‹

Ich schaute es mir an.

›Das ist die Jacht *Spray*‹, sagte er, ›mit der Kapitän Joshua Slocum ganz allein Kap Horn umsegelt hat.‹

›Jawohl, Vater‹, erwiderte ich.

›Ich fürchte, du hast diese Leidenschaft nie richtig verstanden‹, sagte er. ›Und doch ist die Erklärung so einfach. Als Junge habe ich Seefahrergeschichten gelesen. Ich kann ohne Übertreibung sagen, daß ich einen Großteil meiner Kindheit und Jugend auf See verbracht habe, ohne je den festen Boden zu verlassen. Doch wie für so viele andere gestaltete sich auch mein Leben weniger windzerzaust und wechselhaft, als ich es mir gewünscht hätte und ahnen konnte. So war es für mich denn ganz entscheidend, daß ich meine tropischen Träume in einer Flasche einkapseln konnte. Verstehst du das, mein Sohn?‹

›Ja, Vater‹, antwortete ich.

›Und dann ist da‹, fügte er sinnend hinzu und legte mir eine Hand auf die Schulter, ›noch etwas, was du vermutlich nie verstehen wirst. Was es für einen Mann bedeuten kann, unter Aufbietung seiner ganzen sorgsam gezügelten Leidenschaft, eine so umfangreiche Hoffnung durch eine so enge Öffnung zu balancieren.‹

Dann gingen wir zu Tisch.

Ich kann von diesem Abendessen sagen, daß es die Ostermahlzeit war, es war das letzte Abendmahl, ich glaube, wir wußten alle, daß wir eine religiöse Handlung vornahmen. Der Koch muß wohl serviert haben, doch ich sah ihn nicht, vom Essen sind mir nur noch flüchtige Momente seiner weißen Jacke, seiner starken Hände, der sonoren Stimme, die die einzelnen Gänge ansagte, geblieben, und selbst an diese entsinne ich mich nicht mehr genau. Gab es Gänseleberpastete, Lammrücken, Südfrüchte, ich weiß es nicht, denn alles war dem Beisammensein untergeordnet, alle unsere Sinne waren darauf gerichtet, ein letztes Mal Ignatio Landstad Rasker in uns aufzunehmen. Es war eine Schlittschuhläufermahlzeit, schwerelos glitten wir über eine hauchdünne Haut aus klarem Eis, und die Art und Weise, wie wir satt wurden, die Sicherheit, mit der wir den Rausch phrasierten, all das war dafür berechnet, unsere Empfänglichkeit für ihn, der sterben sollte, zu schärfen.

Er erhob sich und sagte: ›Trinkt, damit ihr Platz für meine Schiffe macht‹ und: ›Eßt, denn alles muß wachsen, sind wir nicht allesamt in der Wachstumsphase?‹ Und wir lachten ihm zu, ein Lachen, das geblendet war von seinem Licht und von der Trauer unter dem Eis. Der Bischof hielt eine Rede, er erhob sich, ohne zu wissen, weshalb, aus schierer Ergriffenheit, und sagte, wir nähmen das Ostermahl zu uns, das letzte Abendmahl, und selbst das sagte er mit einer überraschenden Fröhlichkeit, die irgendwie von dem Ton meines Vaters geleitet wurde. Danach brachten die Männer ihm ihre Huldigung dar, sie beugten gewissermaßen ihre Knie in der Maske lustiger Anekdoten, in denen sie ihn als Meister des Wortes feierten. Ich erinnere mich, daß der Professor erzählte, mein Vater habe einen Gärtner gehabt, der entlassen worden sei, weil er Jahre hindurch zu seinem eigenen Vorteil aus dem Garten Blumen und Gemüse verkauft hatte, und der dennoch die Flegelhaftigkeit besessen habe, um eine Empfehlung zu bitten. Da habe mein Vater ihm zuvorkommend ins Gesicht geschaut und geschrieben: ›Von diesem Mann kann ich mit Sicherheit sagen, daß er alles aus meinem Garten herausgeholt hat, was sich überhaupt herausholen ließ.‹ In diesen oberflächlich lustigen Geschichten lag ein tiefer Ernst, alle lagen vor meinem Vater auf den Knien, er nahm ihre Huldigung mit geduldigem Lächeln entgegen, und ich dachte, wie gut und notwendig ist es doch, ab und zu einem göttlichen Menschen zu begegnen, und heute nacht, dachte ich, heute nacht wird niemand sein, der meinen Vater verrät oder verleugnet.

Da hob er die Hand und blickte in die Runde. ›Sie irren sich‹, sagte er, ›Sie irren sich allesamt, und ich möchte um Ihre Aufmerksamkeit bitten, um erklären zu können, weshalb ich Sie hergebeten habe. Ich fürchte, daß das, was ich zu sagen habe, zu einer *Umwertung aller Werte* führen wird und daß, wenn ich es gesagt habe, der Größte unter uns der Geringste sein wird und der Geringste der Größte.‹ Wir sahen ihn an, die Männer gefaßt, aber bleich, die Frauen mit Tränen in den Augen.

›Ich habe Sie eingeladen‹, sagte er, ›weil ich erkannt habe, daß ich nicht mehr leben kann, daß mein Leben vor seiner endgültigen Auflösung steht. Hier, gewissermaßen zum Abschied, möchte ich Ihnen nun eine Sache erzählen, für die ich nicht um Verständnis, sondern lediglich um Aufmerksamkeit bitte.‹

Alle sahen wir ihn an, wie man einen anschaut, den man zum letztenmal ansieht, und ich wußte, was er sagen würde. Er würde uns von einer tödlichen Krankheit erzählen, an der er womöglich bereits mehrere Jahre getragen hatte, die aber nun fortgeschritten war und es notwendig machte, daß er uns seinen Letzten Willen mitteilte und Abschied nahm. Ich überlegte, welche Krankheit das wohl sein könne, und entschied mich für Krebs, einen heftig wuchernden Krebs, der dem Verfall, der Reduzierung des großen Mannes vor uns keine Zeit ließ. Statt dessen würde er plötzlich und schnell dahinschwinden und vor unseren Augen fortgehen; er würde weg sein, getroffen von einer blinden Widersinnigkeit.

Zuvor aber wollte er Bilanz ziehen, er wollte uns, und insbesondere mir, die Erfahrung seines Lebens überreichen, die so selbstverständlich und harmonisch war wie das Land um uns, gereinigt und vollendet wie ein Schneekristall, der im Sonnenuntergang glitzert.

›Ich habe Sie hergebeten‹, hob er an, ›um Ihnen zu erzählen, wie das Oberste Gericht die Angelegenheit des Schriftstellers Morten Ross verhandelte, einen Prozeß, in dem, wie Ihnen vielleicht bekannt sein dürfte, vor drei Wochen das Urteil gesprochen wurde.

Daß dieser Fall bis vor das Oberste Gericht kam, daß das Justizministerium die Genehmigung für die dritte Instanz gab, das lag allein an der Stellung des Schriftstellers in der Öffentlichkeit und am Grundsatzcharakter der Angelegenheit. Sie werden sich vielleicht erinnern, daß der junge Mann angeklagt war, mit seinem Roman *Ein Wagnis* öffentliches Ärgernis erregt und außerdem an der höheren Schule, an der er unterrichtete, ein Verhältnis mit einem sechzehnjährigen Jungen gehabt zu haben.

Das Amtsgericht hatte, soweit es das Buch betraf, sein Urteil nach Artikel 184 des Strafgesetzbuches gefällt, der auf den Druckfreiheitserlaß von 1799 zurückgeht. Das Landgericht hatte das Urteil bestätigt und die Strafe verschärft, wobei es eine lange, vornehme Rechtstradition hinter sich wußte. Anführen darf ich hier das Urteil über Moses Levin für dessen Übersetzung des Romans *Das Sofa* aus dem Französischen, das Urteil über den Schriftsteller Gustav Johannes Wied für dessen Erzählung *Die Jungen und die Alten*, über den Dichter Herman Bang für den Roman *Hoffnungslose Geschlechter*. Und aus Kulturen, die uns rechtlich nahestehen, den Gotteslästerungsprozeß gegen August Strindberg.

Hinzu kam dann das belastende Verhältnis zu einem Schüler, in das dieser Schüler zwar eingewilligt, ja zu dem er wahrscheinlich sogar aufgefordert hatte, dessentwegen aber trotzdem, da der Junge unter achtzehn und seine Einwilligung deshalb ohne rechtliche Bedeutung war, das Urteil wegen widernatürlicher Unzucht nach Artikel 185 des Strafgesetzbuches von 1866 erging.

Die Anklagevertretung hatte darüber hinaus ursprünglich einen Beleidigungsprozeß angestrengt, da sie der Auffassung war, der Roman enthalte Angriffe auf die tragenden Schichten der Gesellschaft und fordere zum Umsturz der gesellschaftlichen Ordnung auf. Dieses Verfahren war jedoch eingestellt worden.

Letztendlich wurde Morten Ross zu drei Jahren schwerer Zwangsarbeit verurteilt, die gesamte Auflage des Buches wurde beschlagnahmt, zudem hatte er die Prozeßkosten zu tragen.

Ich habe in meinem Leben Gelegenheit gehabt, mich mit vielen Seiten des Daseins vertraut zu machen. Trotzdem war ich erschüttert, als ich in den Wochen vor dem ersten Gerichtstermin den Roman des Autors las. Ich durchwanderte immer nur ein paar Seiten des Buches auf einmal, alle Augenblicke mußte ich es beiseite legen und mich fragen: Was treibt einen jungen Mann dazu, die Raffinements der sinnlichen Liebe mit einer solchen Roheit und so unersättlicher Begierde zu schildern?

Ich trete einem Angeklagten natürlich möglichst aufgeschlossen entgegen. Von diesem Menschen aber wußte ich, als ich ihm zum erstenmal gegenübersaß, daß er streng bestraft werden mußte.

Ich weiß, daß die Presse von der Frechheit des jungen Mannes viel Aufhebens gemacht hat. Darf ich hinzufügen, daß in seinem Fall selbst die konstitutionelle Verlogenheit der Presse nicht ausreichte.

Er war ohne Verteidiger vor dem Obersten Gericht

erschienen, er wollte seinen Prozeß selbst führen, und als er zum erstenmal den Gerichtssaal betrat, den Zuhörern zuwinkte, aus dem Fenster sah und uns, die dreizehn Richter, anlächelte, wurde ich an den Prozeß gegen Oscar Wilde erinnert, erkannte zugleich allerdings, daß selbst die berüchtigte, hochmütige Eitelkeit jenes Lebemannes neben der ungehobelten Arroganz dieses Proleten höflich und verfeinert gewirkt hätte.

Die Zuhörerlogen waren bis zum Bersten mit Interessierten besetzt, der Generalstaatsanwalt war nervös. Ich erriet seine Gedanken, ich wußte, er fürchtete, daß sich dies in der Öffentlichkeit wie die Dornenkrönung eines Märtyrers für die Sache der Arbeiter ausnehmen würde, und er bat denn auch um das Wort.

›Ehrwürdiges Oberstes Gericht‹, begann er, ›die Strafprozeßordnung sieht vor, daß das Oberste Gericht in besonderen Fällen unter Ausschluß der Öffentlichkeit tagen kann. In Anbetracht des prekären Charakters dieser Sache bitte ich darum, daß die Öffentlichkeit aus Gründen der Sittlichkeit ausgeschlossen wird.‹

Ich sah zu dem Angeklagten hinüber. Ich glaube, ich hatte einen Protest oder ein spöttisches Gesicht erwartet, doch der junge Mann zupfte seine gelbe Jacke zurecht, lächelte zuvorkommend und beugte sich vor.

›Denkt‹, fragte er frech, ›der Generalstaatsanwalt dabei an seine oder an die Sittlichkeit des Publikums?‹

›Sie müssen‹, sagte ich zu ihm, ›Achtung vor dem Gericht hegen!‹

Da sah er mich zum erstenmal direkt an, mit

einem tiefen, blauen Blick, der außer ihm und mir alles andere aus der Welt verschwinden ließ.

›Nein, Herr Gerichtspräsident‹, sagte er. ›Ich muß dem Gericht Achtung *erweisen.*‹

Nur einen Augenblick lang hielt sein Blick den meinen gefangen, dann wandte ich mich dem Generalstaatsanwalt zu und lehnte sein Begehren ab.

›Die Öffentlichkeit der Gerichtsverhandlung‹, sagte ich, ›ist in der Verfassung verankert und sollte nur in äußerst seltenen Fällen eingeschränkt werden. Was hier zu geschehen hat, muß in aller Öffentlichkeit geschehen.‹

Nur wenige der hier Anwesenden haben jemals die Räumlichkeiten des Obersten Gerichts im Bernstorffschen Palais in der Bredgade gesehen, ich kann Ihnen aber sagen, daß sie klein sind, und beim zweiten Termin in der Sache des dänischen Staates gegen Morten Ross nahmen sie sich angesichts der Volksmenge geradezu winzig aus. Diese stand zusammengedrängt bis nach vorn zu den Richterstühlen, und unsere Gerichtsdiener machten ein bedenkliches Gesicht.

Während der Gerichtsschreiber das Urteil des Landgerichts verlas, betrachtete ich den Angeklagten. Er trug diesmal einen königsblauen Mantel mit grauer Weste und roter Halsbinde, und ich dachte bei mir, so ist die Jugend, selbst in den Augenblicken, in denen das Schicksal die Maske abnimmt und sie als Totenkopf anlächelt, erhält sie sich die Hoffnung und die Freude darüber, die Angelächelte zu sein. Wie sein Buch, so dachte ich, diese naive Mischung aus obszönen Momenten und lasziven, schuldlosen Erinnerungen. Dann sah er mich an, und ich begriff mit einemmal, daß diese blauen Augen durchaus so weit sahen wie meine, nämlich durch die Mauern des Gerichts hindurch und über Dänemark hinweg bis in das Zuchthaus von Horsens, das sich um ihn schließen und seinen Widerstand systematisch brechen, ihn zum Zwerg herabstutzen und nur noch als einen Schatten dieses Wesens ausspeien würde, das jetzt vor mir der Aufzählung seiner Missetaten lauschte. Jetzt hat er Angst, dachte ich, und so muß es sein, das Gericht soll und muß Furcht einflößen, und ich sah, als sich die Verlesung ihrem Ende näherte, voraus, daß er die Fassung verloren haben würde, daß ihm das Wort entglitten sein würde, daß er die allgemeine Erfahrung bestätigen würde, daß ein Angeklagter einen Anwalt mitbringen und nicht allein kommen sollte, daß Selbstverteidiger Selbstmörder sind.

Dann hielt der Gerichtsschreiber inne und erteilte dem Angeklagten, dem Schriftsteller Morten Ross, das Wort für weitere Ausführungen. Da sah ich, daß ich ihn unterschätzt hatte, denn da zog er sich aus seiner Gedankenversunkenheit wie aus einem tiefen Brunnen empor, und als seien seine Atome in alle Winde verstreut gewesen, nun aber zurückgekehrt und hätten sich gesammelt, richtete er sich, leuchtend vor Impertinenz, auf.

›Ehrwürdiges Oberstes Gericht‹, sagte er, ›lassen Sie mich zu Beginn von der Gegenseite, die, wie wir alle wissen, das Pulver nicht erfunden hat, sagen ...‹

Der Generalstaatsanwalt war aufgesprungen, der Saal war in Aufruhr, und ich mußte sie alle beruhigen.

›Für diese Insubordination‹, sagte ich, ›wird der Angeklagte wegen Mißachtung des Gerichts zu zweihundert Kronen Geldbuße verurteilt. Sollte sich dieses Benehmen wiederholen, wird er aus dem Gerichtssaal entfernt.‹

Einen Augenblick lang senkte Morten Ross den Kopf, als schlucke er eine bittere Pille. Dann hob er das Gesicht, warf seiner Umgebung einen tiefen Blick zu und fuhr langsam und deutlich fort.

›Ehrwürdiges Oberstes Gericht, von der verehrten Gegenseite, die nun nach richterlichem Spruch das Pulver erfunden hat, möchte ich sagen ...‹, und hier gingen seine Worte im Lärm der Zuhörer unter. Wir beschlossen, die weitere Verhandlung auf den nächsten Tag zu verschieben.

An diesem Nachmittag ließ sich das Publikum nur unter lautstarken Mißfallensäußerungen hinausjagen, und möglicherweise vergaß der Angeklagte wegen des allgemeinen Tumults eine Mappe mit Papieren. Jedenfalls lagen sie da, als die Gerichtsdiener den Saal räumten. Man hätte sie in einen Schrank legen können, man mag meinen, sie hätten in einem Schrank verwahrt werden sollen, da mich aber mein täglicher Spaziergang ganz natürlich am Neumarkt und am Untersuchungsgefängnis vorbeiführte, entschloß ich mich, sie ihm persönlich zu überbringen. Ich dachte mir, was ein Schriftsteller geschrieben hat, auch was ein unsittlicher Schriftsteller geschrieben hat, sollte mit besonderer Sorgfalt behandelt werden.

Beim Obersten Gericht gibt es keine unmittelbare Beweisaufnahme, es werden keine Zeugen geladen, das Gericht sieht die Angeklagten nur in den seltenen Fällen, in denen sie persönlich kommen, und deshalb war auch mein Besuch im Untersuchungsgefängnis ungewöhnlich, doch sollten Sie das dem Gefängniswärter, der mir die Zelle aufschloß, nicht zur Last legen. Sie werden verstehen, daß ich, wo immer ich mich bewege, nie allein bin. Auch wenn ich die Robe abgelegt habe, trage ich die Autorität des Gerichts mit mir. Gerade deshalb ergänzt sich das Oberste Gericht durch Kooptation, genau deshalb können die Richter nicht gleichzeitig andere Ämter oder Vorstandsposten bekleiden. Wir können außerhalb des Gerichts kein anderes Leben führen als innerhalb, wir müssen, wo wir gehen und stehen, die *juris immaculatio*, die rechtliche Unbeflecktheit, mit uns tragen, und selbst den kleinen Umweg am Untersuchungsgefängnis vorbei betrachtete ich als mein gutes Recht.

Morten Ross saß auf einem in die Wand eingemauerten Sitz und dankte mir für das Manuskript. ›Es ist eine Erzählung‹, sagte er, ›über einen Prozeß.‹

›Ich hoffe‹, sagte ich, ›daß Sie sich in dieser Erzählung darum bemüht haben, bei der öffentlichen Meinung keinen Anstoß zu erregen.‹

Da fragte er, ob er sie mir vorlesen dürfe, und noch jetzt frage ich mich, was mich veranlaßte stehenzubleiben. Von dem Augenblick selbst ist mir nur noch die Sonne geblieben, die durch das hochliegende Fenster hereinfiel, und die trotz der Erniedrigung königliche Eleganz des jungen Mannes.

So las er mir denn eine Erzählung von einer jungen Angeklagten vor, die während des Prozesses auf die Idee kommt, daß außer ihr alle Prozeßbeteiligten mechanische Puppen sind. Voll Grauen und mit Behutsamkeit eröffnet sie nun eine Offensive, in der sie immer öfter von der gerichtlichen Praxis abweicht, um durch ihre Unvorhersagbarkeit herauszubekommen, wo die Automaten nicht *en garde* sind. Das gelingt. Zuletzt ist sie sich ihrer Sache sicher und erhebt sich von der Anklagebank, ohne daß man reagiert. In einem Bogen geht sie um den Richter herum, der blind auf die Stelle starrt, an der sie zuvor gesessen hat. Nun sieht sie, daß sie allesamt mit einem Schlüssel aufgezogen sind.

Verschreckt, weit verschreckter, als wenn sie wirkliche Menschen gewesen wären, geht sie zu den Zuschauern, und auch die sind mechanisch. Doch vor einem jungen Mann, der ihr bereits zuvor aufgefallen ist, bleibt sie stehen, sieht ihm in die Augen und begreift, daß er lebendig ist.

Hier hielt Morten Ross inne. Ich muß ihn fragend angesehen haben, denn er sagte, weiter sei er nicht gekommen, aber wenn ich zurückkommen wolle, würde er die Erzählung beendet haben.

Da sah ich den Ernst der Lage ein: Ein Richter besucht den Angeklagten und fängt ein privates Gespräch an.

›Ich muß gehen‹, sagte ich.

›Es würde mich freuen‹, erwiderte er, ›wenn Sie wiederkämen.‹

›Ich bin, Herr Ross, nicht hier, um Freude zu verbreiten, sondern um meine Pflicht zu tun‹, sagte ich. Danach verließ ich die Zelle.

Der dritte Verhandlungstag begann mit den Ausführungen des Angeklagten. Langsam und fast sanft sprach er von dem Liebesverhältnis zu seinem Schüler, und trotz der Sachlichkeit seiner Darstellung spürte ich, daß im Gericht eine rote, klare Flamme des Ekels und der Indignation brannte, des Ekels und der Indignation darüber, wie sorglos und geradlinig dieser Mensch ein so verantwortungsgeladenes Thema wie das erotische behandelte und wie leichthin er über die Gefahr der sittlichen Verderbnis junger Menschen hinwegging.

Nur bei den Zuhörern verspürte ich Mitgefühl und Heiterkeit, und ich verstand das nicht.

Als dem Generalstaatsanwalt das Wort zur Gegenerklärung erteilt wurde, war seine Stimme vor Widerwillen heiser. Er sagte, der Staat verlange, daß die Strafe verschärft werde, denn sei das strafbare und perverse Liebesverhältnis, sei die geschmacklose Erklärung des Angeklagten, sei seine vor Sinnlichkeit delirierende Schrift nicht ein massiver, mit allen Mitteln geführter Angriff auf die Keuschheit der Jugend?

Da erhob sich Morten Ross.

›Herr Generalstaatsanwalt‹, sagte er, ›Ihre Fürsorge für die Jugend macht Ihnen alle Ehre, aber sind Sie sicher, daß Sie nicht eine zu hohe Meinung von meinem Einfluß hegen und zuwenig Zutrauen zur Moral der Jugend haben? Ich möchte Sie gern fragen: Fühlten Sie sich selbst von delirierender Sinnlichkeit überschwemmt, als Sie mein Buch gelesen haben?‹

Hier hielt ich es für notwendig einzugreifen. ›Herr Ross‹, sagte ich, ›der Generalstaatsanwalt vertritt hier nicht sich selbst und seine privaten Erlebnisse. Er erscheint hier vor Gericht als Vertreter der Anklage.‹

›Ach, so ist das‹, sagte er. ›Also, dann möchte ich Sie gern fragen, Herr Generalstaatsanwalt, ob Sie bei der Lektüre im Namen der öffentlichen Anklagevertretung vor Sinnlichkeit deliriert haben?‹

Und so ging es weiter. Und das Publikum lachte. Nie zuvor hatte ich im Gericht so laut werden müssen. Nie zuvor hatte ich mir so sehr gewünscht, ich hätte auf andere gehört und diesen Menschen von der Gerechtigkeit unter Ausschluß der Öffentlichkeit zähmen lassen. Als ich bekanntgab, daß das Gericht die Sitzung in der Mittagsstunde unterbrechen würde, stand er auf, wandte sich den Zuhörern zu und rief, er wolle sie bewirten: ›Wartet im Vorraum auf mich und meinen Diener‹, rief er, ›dann essen wir und trinken auf das Wohl der Staatsanwaltschaft, weil sie meinem Roman mit diesem Prozeß einen Absatz gesichert hat, an dem ich eine erkleckliche Summe verdient habe!‹

In dieser Stunde ging ich auf den Stadtwällen spazieren, denn seine Worte hatten mir den Appetit geraubt, und ich dachte, er macht das Gericht zum Theater. Einem Buch wie dem seinen sollte man mit vernichtendem Verschweigen begegnen, ein Liebesverhältnis wie das seine sollte angemessen, aber in absoluter Stille bestraft werden, denn es handelt sich doch schließlich darum, eine Ansteckung zu beseitigen, einer Krankheit beizukommen, die gedeiht, wenn darüber geredet wird. Diesen Lüstling sollten Leere und Widerwillen umgeben, rief ich in den Wind, ein *horror vacui* sollte um ihn sein. Aber wie ist das jetzt gelaufen! Mit der Forderung des Gerichts nach Genauigkeit, nach Offenlegung aller Tatsachen, mit dem Abwägen des *pro et contra* haben wir statt dessen den Dreck aufgewühlt, wir haben die Ansteckung weitergegeben, wir haben den Kopf in ein Wespennest gesteckt. Jetzt verkauft sich das Buch, jetzt lacht das Publikum, jetzt schreiben die Zeitungen über ihn. Wir wollten beilegen, begraben, amputieren. Statt dessen haben wir Neugierde geweckt, einen Reiz geschaffen, aus den Funken der öffentlichen Obszönität haben wir ein Karnevalsfeuer entfacht.

Der Zweifel ging an meiner Seite und fragte mich nach dem Wesen der Gerechtigkeit. Ist das der Sinn, fragte er? Dient ihr etwa nicht der reinen Justiz, sondern einem undurchsichtigen Ritual? Ist das Oberste Gericht vielleicht nicht die endgültige Gerechtigkeit, sondern nur das vornehmste öffentliche Bordell?

Erst als ich stehenblieb, mich aufrichtete und entdeckte, daß ich zwischen meinen Schulterblättern nach dem Loch für einen Schlüssel tastete, begriff ich, daß ich auf Abwege geraten war, daß ich der Mensch im Lande war, der nicht zweifeln durfte, und als ich aufblickte, war der Zweifel fort, und ich war wieder ganz allein.

Wir traten dem Angeklagten an diesem Tag während des abschließenden Teils der Verhandlung mit einer neuen, vernichtenden Präzision entgegen.

Der Generalstaatsanwalt las vor, was mehrere Literaturkritiker von dem Buch hielten. Sie fällten ein entscheidendes Urteil: ›eine als Literatur verkleidete Verteidigung der Zügellosigkeit‹.

›Unsere Kritiker‹, sagte der Generalstaatsanwalt, ›haben die Beurteilung der literarischen Qualität gepflegt und verfeinert, und dank ihrer wissenschaftlichen und psychologischen Einsicht läßt sich jetzt entscheiden, daß der künstlerische Wert dieses Werkes mit der Irrenanstalt belohnt werden müßte, wenn der Autor durch sein ruchloses Benehmen nicht bereits bewiesen hätte, wie ausgezeichnet er sich für das gewöhnliche dänische Staatsgefängnis eignet.‹

Dem hatte der Angeklagte nichts zu entgegnen. Ich merkte, daß er zusammensank, und stellte mir vor, daß seine Seele jetzt grübelnd über der Innenmauer des Zuchthauses von Horsens schwebe, wo sie hingehörte. Aber das reichte mir nicht, ich mußte ihm in die Augen sehen, mußte ihn seine Niederlage in diesem Raum bestätigen hören, weshalb ich ihn in die Wirklichkeit des Gerichtssaals zurückrief.

›Es ist wichtig, Herr Ross‹, sagte ich zu ihm, ›daß Sie begreifen: es handelt sich darum, inwieweit Sie beim Schreiben des Buches seine literarische Qualität oder simple Pornographie vor Augen hatten.‹

Er sah mich von weit her an und kehrte langsam zurück.

›Woher weiß man, Herr Präsident‹, fragte er, ›daß Pornographischsein keine literarische Qualität sein kann?‹

›Die Unterscheidung zwischen Kunst und dem rein Sinnlichen hat eine lange historische Tradition‹, antwortete ich.

›Ach ja, ich glaube, ich verstehe‹, erwiderte er. ›Das hohe Gericht denkt daran, wie Ovid wegen seiner *Liebeskunst* aus Rom verjagt wurde, wie man in der dänischen Übersetzung die Erotik aus *Romeo und Julia* heraushielt und wie man Flaubert wegen seiner *Madame Bovary* verurteilt hat.‹

Dann schwieg er und sagte danach nichts mehr.

Doch seine letzten Worte blieben mir auch nach Abschluß der Gerichtsverhandlung im Gedächtnis. Es wurmte mich, daß es ihm gelungen war, auf diese Weise eine Schnoddrigkeit loszuwerden und gleichzeitig glühende Kohlen auf meinem Haupt zu sammeln. Das schmerzte mich physisch, und in diesem Zustand einer lauernden Migräne verfaßte ich auf meinem Weg durch die Stadt eine kurze Ansprache an ihn, eine Ansprache, deren Inhalt in Grundzügen darauf hinauslief, daß Gerichtsentscheidungen natürlich nicht nur den herrschenden Geschmack widerspiegeln, natürlich gibt es ein ewig gültiges Maß für gute und sittliche Kunst, und natürlich gibt es ewige, ethische und religiöse Gründe, die Liebe zwischen Personen gleichen Geschlechts als widerwärtig zu betrachten, und dies muß ich ihm, dachte ich, persönlich sagen. Jetzt, nachdem die Gerichtsverhandlung offiziell überstanden ist, obliegt diese Verantwortung mir allein, wer sollte es denn sonst tun, bin ich denn nicht schließlich das Oberste Gericht?

Er sah mich ohne Überraschung an, als ich in die Zelle trat, ausdruckslos hörte er, was ich zu sagen hatte. Er bat mich, auf der Pritsche Platz zu nehmen, aber ich blieb stehen, ich war nur gekommen, einen Bescheid abzuliefern, den Bescheid der Geschichte und der Moral an einen unsittlichen Schriftsteller.

Als ich schwieg, nickte er.

›Um mir das zu sagen, sind Sie gekommen?‹ fragte er.

›Es war kein Umweg für mich‹, antwortete ich.

Er hatte sich erhoben, und es war, als ob er dort vor mir die Kampfbereitschaft des ersten Verhandlungstages wiederfände.

›Ich begreife‹, sagte er, ›daß Sie, Herr Gerichtspräsident, ein Mensch sind, der keine Umwege geht, ein Mensch, der am Ende seiner Lebensbahn wird sagen können: Ich bin von der Wiege bis zum Grab den *geraden* Weg gegangen.‹

Ich glaube, wir umkreisten einander wie die Gegner in einem Boxring.

›Ja‹, sagte ich, ›aber ich komme jedenfalls vorwärts. Das ist mehr, als Sie in Horsens von sich werden sagen können.‹

Er lächelte melancholisch. ›Sie haben mich bereits verurteilt‹, sagte er. ›Das Gericht hatte also wirklich einen Schlüssel im Rücken.‹

›Was ist denn eigentlich aus dieser Geschichte geworden?‹ fragte ich.

›Sie wird nie fertig‹, antwortete er. ›Aber ich hatte mir vorgestellt, daß der Mann und die Frau zusammen fortgehen und einen kurzen Optimismus erleben, der endet, wenn die Hände des Mädchens das Schlüsselloch in seinem Rücken finden. Sie heben den Kopf und sind sozusagen hinter die Stadt geraten und sehen, daß auch sie nur Kulisse ist, ein großes, seelenloses mechanisches Komplott, eine Fälschung aus Fassaden und Blendwerk.‹

›Und wo endet dann diese unwahrscheinliche Geschichte?‹ fragte ich.

›Nach dieser Entdeckung geht das Mädchen in den Gerichtssaal zurück und setzt sich mitten in einem neuen Prozeß zurecht, ohne daß irgend jemand das bemerkt. Der Prozeß nimmt seinen Lauf, man verurteilt sie wegen etwas anderem als der ursprünglichen Anklage, und sie nimmt das Urteil an, denn es ist besser, an einem sinnlosen Automatenritual teilzunehmen, als im leeren Raum zu schweben. Die Geschichte, Herr Präsident, endet also dort, wo wir alle enden, nämlich im Gericht.‹

Ich verspürte den starken Drang, ihn zu schlagen, alle Fliehkräfte hätten uns auseinanderschleudern sollen, aber das geschah nicht. Statt dessen müssen wir uns ein klein wenig zu nah gekommen sein, denn plötzlich war er, da vor mir in der Sonne, der schönste und nackteste Mensch, den ich je gesehen hatte, und ich wurde zu ihm hingezogen wie ein Meteor, der auf der Oberfläche des Planeten zum Einschlagkrater und zu einem Wall aus Staub wird. Aber auch das geschah nicht. Statt dessen küßte ich ihn.‹

Hier«, sagte Hektor Landstad Rasker, »hielt mein

Vater einen Augenblick inne und blickte vor sich hin, aber nicht uns, seine Gäste, sah er, sondern etwas anderes. ›Und das einzig Sonderbare‹, sagte er träumerisch, ›das einzig Andersartige und Unerwartete war das leichte Kratzen von Bartstoppeln.‹

Dann nahm er sich wieder zusammen. ›Am nächsten Morgen berieten und stimmten wir ab‹, sagte er, ›und spürten alle, daß wir am Rande eines neuen Jahrhunderts verhandelten. Wir wußten, daß uns eine Liberalisierung des Druckfreiheitserlasses erwartete, aber auch eine neue Sicht auf die körperliche Seite der Liebe. Doch mehr als dieses Gefühl einer neuen Zeit, weit mehr als das, spürte ich an dem Morgen im Gericht die Anwesenheit von etwas anderem: dem frappierenden Charme des Angeklagten.

Beim Obersten Gericht ist es so, daß der jüngste Richter seine Stimme zuerst abgibt, und die ersten sechs Stimmen wollten die Strafe ins Bedeutungslose abmildern. Ich erinnere mich, daß einer von ihnen sagte, was während dieses Prozesses angeführt worden sei, habe ihn daran zweifeln lassen, daß es angebracht sei, über die Kunst zu urteilen, und müsse dieser Zweifel nicht dem Angeklagten zugute kommen . . .?

Die nächsten sechs gaben eine abweichende Stellungnahme ab. Sie wollten an der Strafe festhalten oder sie verschärfen. Was ihnen in diesem Prozeß begegnet sei, billigten sie nicht, es müsse jetzt unschädlich gemacht werden. Damit herrschte Stimmengleichheit, und ich hatte auch schon erraten, daß es so sein würde, ich hatte auf Stimmengleichheit getippt.

Deutlich erinnerte ich mich an die Ereignisse des Vortages, glauben Sie nicht, daß ich das Geschehene in den Tiefen meines Gemüts verstaut hatte. Glauben Sie nicht, daß ich an der Oberfläche des jungen Mannes zerschellt war. Klar sah ich meinen eigenen Fall, und ich begriff, daß nicht nur ich selbst, sondern mit mir das gesamte Rechtssystem fiel, und mit mir, so dachte ich, soll es sich wieder erheben, ohne daß irgend jemand etwas entdeckt. Klar und enthusiastisch zugleich plädierte ich für die Notwendigkeit, die Strafe zu verschärfen. Ich erinnerte sie daran, daß die Höchststrafe sechs Jahre Zwangsarbeit betrug, und ›unter vier Jahre können wir nicht gehen‹, sagte ich, und so lautete das Urteil an diesem Nachmittag. Als es verlesen wurde, sah ich ihm in die Augen, und da war mein Gleichgewicht zurückgekehrt.

In der Nacht konnte ich nicht schlafen, ich stand auf und ging hinaus. Es hatte geschneit, der Himmel war schwarz, doch die Stadt strahlte ein gedämpftes, weißes Licht aus, als wartete der Mond irgendwo in einer nahen, doch versteckten Straße, einen Augenblick festgehalten in der Mattglasflasche der Stadt, auf den Moment, in dem er aufgehen konnte.

Ich wanderte durch die Straßen, und an jeder Ecke warteten Bruchstücke meines Lebens auf mich, schweigend grüßten wir einander, und der Schnee dämpfte meine Schritte. Aber vor Ihren Fenstern blieb ich stehen. Im Laufe der Nacht stand ich vor den Fenstern des Generalstaatsanwalts, vor den Ihren, Herr Polizeikommissar, und vor Ihren, meine Damen, und ziemlich lange stand ich vor deinen, mein Sohn, und ich dachte, hinter diesen Scheiben schläft mein Leben. Ich riß mich los und ging weiter, ohne andere als meine eigenen Gespenster zu treffen, zuletzt stand ich vor dem Gericht und schloß die Tür auf.

In diesem Augenblick ging der Mond auf und erfüllte den Saal mit einem kühlen, blauen Licht wie eine Flüssigkeit, die langsam in ein Aquarium eindringt. Da begriff ich, daß man in dieser Nacht über mich zu Gericht sitzen würde, daß mich das Oberste Gericht fragen würde, ob ich wirklich gelebt hätte.

Zuerst hatte der Verteidiger das Wort, und der Verteidiger war ich selbst, und in dieser Nacht erlaubte das Gericht ausnahmsweise, daß Zeugen beigebracht wurden. Ich benannte dich, mein Junge; ›sehen Sie‹, sagte ich zum Gericht, ›ich habe einen Sohn‹. Und ich benannte Sie, meine Damen, meine Jugendlieben – ja, Sie wirken überrascht, Sie wußten das nicht, hatten vielleicht nicht die geringste Ahnung, aber so war das, Sie und meine Gattin benannte ich als Zeuginnen, und ich sagte zum Gericht: ›Sehen Sie, das sind die Frauen in meinem Leben.‹

›Und schließlich‹, sagte ich, ›möchte ich zum Abschluß meiner Verteidigungsrede sagen, daß ich, soweit ich es vermochte, meine Pflicht als Bürger dieser Gesellschaft getan habe, indem ich mein Amt mit Sorgfalt verwaltete.‹

Danach hatte der Staatsanwalt das Wort, und das war ebenfalls ich. Auf seine eigene, sonderbare Art war er freundlich. ›Ich möchte‹, sagte er, ›nur eine Frage der Anklage festhalten: Haben Sie, Herr Landstad Rasker, jemals geliebt? Stimmt es nicht, daß Sie Kinder nie gemocht haben? Stimmt es nicht, daß Sie, aus einem Ihnen selbst unerklärlichen Widerwillen heraus, Ihre Gattin kurz nach Ihrer Eheschließung aus Ihrem gemeinsamen Schlafzimmer verbannten und in einem entfernten Teil des Hauses unterbrachten?

Und die Schwärmereien Ihrer Jugend. Stimmt es

nicht, daß Sie die Liebe dieser fünf Frauen nie erwidert haben? Daß Sie widerwillig auf die Rendezvous in den leeren Wohnungen eingingen, aus denen diese Frauen mit großer Mühe ihre Eltern weggeschickt hatten, in den leeren Wohnungen, in denen diese Frauen alles zu ihrer eigenen Verführung vorbereitet hatten, und sobald Sie die Hände dieser Frauen auf ihrer Haut spürten, wurden Sie da nicht von einer unerklärlichen Seekrankheit überwältigt, einem Gefühl klaustrophobischen Verkehrtseins?

Und doch sind Sie, Herr Landstad Rasker, ein Mensch voller Liebe, ein Mann, den eine heftige Sehnsucht nach Sinnlichkeit umtreibt. Stimmt es nicht, daß diese unglücklichen Rendezvous Sie in ein bodenloses Elend stürzten, in dem Sie Apotheker aufsuchten, die Ihnen Aphrodisiaka verkauften, deren Wirkungslosigkeit Sie glauben ließ, es fehle Ihnen die natürliche Veranlagung?

Und doch wissen Sie, Herr Landstad Rasker, daß Sie ein Mensch von alles überströmender Leidenschaftlichkeit sind. Aber Sie haben sie auf Flaschen gezogen, Sie haben sie eingekapselt, etikettiert und beiseite gestellt, um sicher zu sein, daß niemand an der Flasche reibt und unbändige Kräfte freisetzt, und deshalb muß die Staatsanwaltschaft fragen: Befindet sich eine solche Handlungsweise in Übereinstimmung mit der Gesetzmäßigkeit des Daseins? Haben Sie, Herr Landstad Rasker, gelebt, haben Sie wirklich gelebt?‹

Und ich sah zu dem Richterkollegium auf, sie stimmten ab, und das Urteil erging.

Am nächsten Morgen ging ich in aller Frühe zum Justizministerium, zum Staatssekretär, und verlangte die einstweilige Freilassung des Gefangenen. Die Situation war außergewöhnlich, ich erinnere mich nicht mehr, was ich sagte, aber ich entsinne mich, daß ich dachte: Kann man wirklich so mühelos lügen? Den Entlassungsschein in der Hand, holte ich Morten Ross im Gefängnis ab und verletzte damit Artikel 131 des Strafgesetzes, wonach mit einfachem Gefängnis oder Verlust des Amtes bestraft wird, wer seine Stellung dergestalt mißbraucht. Der Gefängniswärter war erstaunt, wäre aber wohl noch erstaunter gewesen, wenn er gewußt hätte, daß ich dabei war, einem Gefangenen zur Flucht zu verhelfen und damit gegen Artikel 108 des Strafgesetzes zu verstoßen.

Sie werden mich nach der Reaktion des Gefangenen fragen. Es gab keine. Er schlief, als ich in die Zelle kam. Als ich ihn vorsichtig schüttelte, schlug er die Augen auf, und ich sah, daß er vollkommen wach war.

›Ich bin‹, sagte ich zu ihm, ›einen Umweg gegangen, um Sie zu holen, Herr Ross‹, und dann zeigte ich ihm die Haftentlassungspapiere. Er sah sie sich an, stand auf und zog sich vor mir an, und darauf ging er mit mir, alles, ohne ein Wort zu sagen.‹

Hier hielt mein Vater inne«, sagte Hektor Landstad Rasker.

Während der Anwalt gesprochen hatte, hatte er die ganze Zeit gestanden, als sei er bei Gericht. Jetzt erinnerte er sich einen kurzen Augenblick daran, daß die drei Menschen vor ihm seine Familie und nicht die Gegenpartei waren, und sah sich nach einem Stuhl um. Dann packten ihn die Erinnerungen erneut, er richtete sich auf, sein Blick starrte wie der eines Blinden in die Vergangenheit.

»Wir, die wir um den Tisch saßen«, sagte Hektor

Landstad Rasker, »konnten einander in diesem Augenblick nicht in die Augen sehen. Da trat der Koch neben meinen Vater. Als er seine weiße Mütze abnahm, erkannte ich ihn. Es war der Schriftsteller Morten Ross, über den das Urteil gefällt worden war, der Sträflingskleidung hätte tragen sollen, der einen kurzen Haarschnitt und in der Hand eine Schaufel hätte haben sollen, der aber nun mit langen Haaren und als Koch vor uns stand.

Mein Zorn war ein blutiger Druck hinter den Augen, ich mußte ganz langsam sprechen, damit mir die Stimme nicht versagte. ›Du hast eine Gesetzeswidrigkeit begangen‹, sagte ich.

Mein Vater sah mir direkt in die Augen. ›Ich liebe ihn‹, sagte er dann, und ich fühlte, daß mir der Ekel den Verstand aus dem Kopf riß.

›Man kann‹, sagte ich, ›keinen Mann lieben.‹

Da ergriff meine Mutter das Wort. ›Du irrst dich, Hektor‹, sagte sie. ›Das ist durchaus möglich. Ich habe es selbst viele Male getan.‹

›Du hast hier ganz und gar das Maul zu halten, Mutter!‹ sagte ich. Ich blickte meine Tischgenossen an und sah, daß sie gelähmt waren.

›Was nun?‹ fragte ich.

›Nun gehen wir fort‹, sagte mein Vater. ›In einer Stunde holt uns ein Fischerboot und bringt uns nach Frederikshavn.‹ Leise fügte er hinzu: ›Wir verlassen Dänemark.‹

›Und du, Mutter‹, sagte ich, ›was sagst du dazu?‹ Und sie, die, so weit ich zurückdenken konnte, ihre Antworten immer herausgeplappert hatte, dachte nun nach. Dann sah sie meinen Vater, ihren Mann, an. ›Dies, Ignatio‹, sagte sie langsam, ›ist, soweit ich sehe, was du immer gebraucht hättest.‹

Einen Augenblick lang sah mein Vater ihr in die Augen. Ich vermute, daß sie in diesem Moment eine Rechnung abschlossen, die bis dahin nie aufgegangen war.

Dann sah er uns an. ›Ich habe Sie‹, sagte er, ›alle heute abend hier eingeladen, weil Sie alle, ohne es zu wissen, *in absentia* in der Nacht zugegen waren, als über mich ein unanfechtbares Urteil gefällt wurde.

Es war ein Todesurteil. Der Präsident des Obersten Gerichts, Ignatio Landstad Rasker, muß sterben und verschwinden, um sozusagen neu geboren werden zu können. Ich sehnte mich danach, Sie hier bei meinem Begräbnis und meiner Geburt dabeizuhaben, ich brauchte Sie; denn zu diesen beiden Zeitpunkten muß der Mensch die Menschen, die er liebt, um sich haben.

Ich weiß natürlich, daß ich aus Leben entstanden bin, doch irgendwann muß ich mich vom Lebendigen abgewandt haben, und trotzdem sollte es mir also passieren, daß ich dem Dasein den Rücken kehrte, nur um – sozusagen hinterrücks – dennoch von der Liebe durchdrungen und erfüllt zu werden.‹

Da stand ich auf.

›Du wirst‹, sagte ich, ›im Gefängnis noch Gelegenheit haben, Vater, über das Leben und den Tod und die Liebe zu greinen, wenn du die beiden Jahre wegen Amtsmißbrauchs und die beiden Jahre wegen widernatürlicher Unzucht absitzt.‹

Ich schaute die anderen an, doch in ihren Gesichtern sah ich nur den Zweifel, die dänische Nationalkrankheit. ›Herr Polizeikommissar‹, sagte ich, ›würden Sie die Freundlichkeit haben, das Nötige zu veranlassen‹, und langsam, als kämpfe er sich durch einen Brei, kam der Leiter der Sittenpolizei auf die Füße.

›Herr Gerichtspräsident‹, sagte er, ›Sie haben widerrechtlich einen Gefangenen befreit, Sie müssen natürlich mit nach Kopenhagen kommen, damit die Angelegenheit ins reine gebracht werden kann‹, und er trat zum Tischende.

In diesem Augenblick legte mein Vater mit einer schützenden und zugleich zärtlichen Geste den Arm um den Koch, und zum erstenmal in meinem Leben sah ich einen Mann einen anderen Mann liebkosen – Gott gebe, daß es auch das letztemal war! Einen Augenblick lang wurde mir schwarz vor Augen, ich glaubte mich übergeben zu müssen, und in der Unaufmerksamkeit dieser Sekunde geschah es. Als ich die Augen wieder öffnete, stieß der Kommissar ein Röcheln aus, schlingerte an seinen Platz zurück, setzte sich und legte den Kopf auf den Tisch.

Hinter ihm richtete sich meine Mutter auf. Sie hielt mit beiden Händen eine schwere Kupferpfanne, die zuvor an der Wand gehangen hatte.

›Männer haben‹, sagte sie, ›einen zerbrechlichen Kopf und ein kleines Hirn.‹

In dem Moment war mir klar, daß ich meine Eltern beide als Angeklagte vor Gericht sehen würde und daß ich als Zeuge gegen sie würde auftreten müssen, und möglicherweise wurde ich in dem Augenblick, in dem ich das begriff, erwachsen. Ich hob die Hände. ›Wir müssen darüber reden‹, sagte ich, und meine Worte beruhigten sie. Alle ließen die Schultern sinken. Da trat ich zu meinem Vater und seinem Geliebten hin und versetzte dem kleinen Koch einen kurzen und harten Kinnhaken. Er sackte zusammen, als hätte sich sein Skelett in Kautschuk verwandelt. Danach packte ich meinen Vater am Kragen. Ich wußte, er würde kämpfen, und ich wußte, ich würde ihn niederschlagen müssen, aber auch, daß ich es tun würde und daß diese Kampfsituation so einfach war wie die Abende im Akademischen Boxklub, abgesehen davon, daß hier sehr viel mehr auf dem Spiel stand. Erst aber wollte ich mit ihm reden, ich wollte ihm vorbehaltlos meine Meinung sagen, ihm erzählen, was es für einen Sohn bedeutet, seinen Vater zu verlieren; denn in dieser Nacht hatte ich ihn verloren, und die Worte lagen mir auf der Zunge. Noch heute erinnere ich mich daran. Aber ich habe sie nie ausgesprochen. Ich öffnete den Mund, und meine Zunge explodierte in einem weißen Blitz aus Schmerz. Im nächsten Augenblick lag ich auf dem Boden, hinter mir stand meine Frau, deine Mutter, Thomas, Eline Landstad Rasker, die dort sitzt. In der Hand hielt sie eine große grüne Buddel, eines der Flaschenschiffe meines Vaters.

Ich richtete mich langsam auf, da schlug sie erneut zu. Ich lag mit dem Rücken auf dem Boden und sagte: ›Du schlägst mich, Eline‹, doch sie antwortete nicht, und da sah ich, daß sich auch die anderen Frauen erhoben hatten und in den Händen Pfannen und schwere Schöpflöffel und Flaschen meines Vaters hielten. Wieder versuchte ich aufzustehen, und wieder schlugen sie zu. Elines Gesicht neigte sich zu mir, und ich weiß noch, was sie sagte. ›Männer‹, sagte sie, ›muß man vor sich selbst schützen.‹

Noch hatte ich Kraft. ›Begreift ihr denn nicht, was ihr tut?‹ rief ich. ›Er ist ein Verräter, das hier trifft nicht nur mich allein, seinen Sohn, sondern auch meine Mutter und dich, Eline, das gesamte weibliche Geschlecht‹, aber sie antworteten mir nicht, und ich gebe zu, daß ich weinte, daß ich die Besinnung verlor. ›Schwein‹, schrie ich meinen Vater an, ›Kinderschänder‹, und da müssen sie erneut zugeschlagen haben; denn ich weiß nur noch, daß sie mich in einen Teppich rollten, ohne daß ich mich wehren konnte. Vielleicht schlugen sie mich, vielleicht schlief ich auch ein, denn als ich wieder zu mir kam, war es vorbei.

Mein Vater war natürlich fort, der kleine Koch war fort, und im Zimmer saßen alle anderen und schwiegen. Sie hatten die Flaschen gefunden, in denen er Schiffe hatte bauen wollen, und nun saßen sie da und tranken, die Frauen, meine Mutter, meine Gattin Eline, der Bischof, der Kommissar und die Professoren.

Ich wickelte mich aus dem Teppich und blickte in die Runde, aber sie mieden meinen Blick; selbst der Kommissar, der einen weißen Verband um den Kopf trug, mied meinen Blick. Ich begriff, daß bei diesen Menschen überhaupt keine Hilfe zu holen war.

Nacheinander verließen sie das Zimmer, zuletzt war nur noch Eline da. Sie saß da, die Arme ruhten auf der Tischplatte, und blickte auf das schwarze Meer hinaus. Ich will nicht leugnen, daß ich noch in diesem Moment brennend, wahnsinnig auf eine Erklärung wartete oder auf eine Entschuldigung für all das, was ich nicht verstand. Doch sie nahm mich nicht wahr, sie sah nur in die Nacht hinaus, und dann sagte sie leise vor sich hin: ›Dem Dasein den Rücken gekehrt haben und dann trotzdem – hinterrücks von der Liebe durchdrungen und erfüllt zu werden.‹«

Einen Augenblick lang barg Hektor Landstad Rasker das Gesicht in den Händen. Als er sie sinken ließ, hatte er sich wieder gefaßt. Dann sah er seine Frau an, die ihn während der Erzählung unverwandt betrachtet hatte.

»Habe ich es so erzählt, wie es war, Eline?« fragte er.

»Du hast es ganz genau so erzählt, wie es war«, antwortete sie.

»Wie du vielleicht verstehst, Thomas«, sagte der Anwalt, »war es für mich äußerst unangenehm, aber auch sehr notwendig, dir das hier zu erzählen. Nun bleibt nur noch zu sagen, daß ich mich unmittelbar nach unserer Rückkehr nach Kopenhagen von deiner Mutter scheiden ließ.«

»Habt ihr«, fragte Thomas, »jemals von meinem Großvater gehört?«

»Aus dem Ausland kamen Briefe«, antwortete der Anwalt, »ich habe sie ungeöffnet zurückgeschickt. Der letzte Brief kam vor zehn Jahren.«

Hektor Landstad Rasker blickte auf das Porträt seines Vaters. »Für mich«, sagte er, »hat diese Geschichte an sich keine Moral. Aber ich hoffe und vermute, daß sich dort, wo sie aufhört, eine Moral bilden könnte. Ich danke euch für eure Aufmerksamkeit.«

Mit diesen Worten verließ er das Zimmer. Einen Moment lang blieb seine ehemalige Gattin ganz still sitzen. Dann warf sie einen kurzen Blick auf die Neuvermählten und verließ sie wortlos.

Thomas erhob sich und trat ans Fenster. Hinter ihm rollte sich das Mädchen wie eine Katze im Sessel zusammen. »Es ist Nacht geworden, ohne daß wir es gemerkt haben«, sagte sie.

Thomas ging zum Tisch und schenkte die tintenfarbene Neige des Portweins in sein geleertes Glas. Dann hob er das Glas und leerte es, in seinem Mund lief bitterer Staub zusammen, aber auch eine säuerliche, aufreizende Ahnung von der Beschaffenheit der Erde.

»Ja«, sagte er, »es geschieht schon mal, daß die Nacht sozusagen hinterrücks kommt.«

Dann ging er zu einem der Fenster, lehnte seine Stirn gegen das Glas und sah in die Nacht hinaus.

Gustaw Herling

Das venezianische Porträt

In den Todesanzeigen des *Corriere* las ich gestern abend: »In ihrem Haus an der *Calle San Barnaba* in Venedig starb siebenundachtzigjährig Contessa Giuditta Terzan. Sie entschlief in Frieden, mit Gott versöhnt. Dies bekanntzugeben ist traurige Pflicht ihrer Schwester Giovanna Olindo in Rom. Es wird gebeten, den stillen Abgang der Verstorbenen nicht durch Kondolenzbesuche zu stören.«

Ich bemerkte diese Todesanzeige zufällig, als ich abends nach dem Fernsehprogramm suchte. Und so blieb ich in meinem Sessel sitzen. Eine Flut alter Erinnerungen überkam mich. Wie geht das vor sich? Wahrscheinlich empfindet es jeder anders. Bei mir ist es ein chaotischer, ungestümer Orkan. Erst am nächsten Morgen, nach einer in unruhigem, traumlosem Schlaf verbrachten Nacht, ließen sich die Ereignisse, Gesichter und Daten allmählich wie Steinchen in einem Puzzle ordnen.

Im Frühjahr 1946, an der Wende vom April zum Mai, machte ich mich auf den Weg nach Venedig, um einige Angelegenheiten, die sowohl für mich als auch für meine militärischen Vorgesetzten in Rom wichtig waren, zu erledigen. In der Annahme, daß die Reise höchstens zwei Wochen dauern werde, gab ich meiner Frau einen entsprechenden Rückreisetermin an.

Unterwegs sollte ich noch in denselben Angelegenheiten kurz in Florenz Station machen.

Zu der Zeit konnte man schon wieder problemlos mit Zügen und Bussen reisen, aber wir trauten als Uniformierte nur den Militärtransporten. Deren häufige und lange Aufenthalte waren für Eilige von Nachteil, für Liebhaber touristischer Attraktionen von Vorteil. Meine Reise war eilig, aber nicht so eilig, daß ich sie nicht nach Herzenslust unter irgendeinem beliebigen Vorwand hätte unterbrechen können. Der erste amerikanische Jeep nahm mich bis nach Orvieto mit, wo ich den Nachmittag und die Nacht verbrachte und mir in einem englischen Bus (Militärausflug) die Überfahrt nach Florenz sicherte.

Nach so vielen Jahren – und das bedauere ich sehr – läßt sich in den Erinnerungen die Atmosphäre dieser *ersten* Begegnung mit den Reizen der italienischen Architektur, Malerei und Landschaft nicht mehr wiederbeleben, diese mit unvoreingenommenem Blick gemachten Entdeckungen, die sich später verwischten oder durch weitere Begegnungen veränderten. Ich entsinne mich lediglich, daß ich viele Stunden im *Duomo*, insbesondere in der Kapelle mit dem Jüngsten Gericht, in einem Zustand von Erstarrung und innerer Erregung, die nichts mit dem ästhetischen Erlebnis zu tun hatte, saß und immer wieder auch kniete. Darin steckte etwas von einer Art Katharsis nach dem Krieg und den Erfahrungen der vergangenen sechs Jahre, eine Art stummes Gebet um Gnade. Eigenartigerweise verspürte ich in Rom kein Verlangen nach solcher Einkehr.

In der Taverne neben dem *Duomo* trank ich am Abend zuviel vom Orvieto und schlief dann, ohne den kühlen Frühlingshauch zu beachten, in der Nacht auf einer der Steinbänke auf der gegenüberliegenden Seite des Domplatzes. Bei jedem Erwachen erfreute ich mich am Anblick der etwas verschwommenen Konturen des *Duomo*, dessen Fassade in der Dunkelheit steinernen Orgelpfeifen glich, und nickte wieder ein.

In Florenz erledigte ich rasch meine eigenen und die mir aufgetragenen Angelegenheiten, besichtigte die Sehenswürdigkeiten im Zentrum und floh, der Massen von Touristen und Militärs überdrüssig, an den Arno. Dort kaufte ich für einen Spottpreis in einem kleinen, staubigen Laden eines Antiquitätenhändlers ein riesiges *Album di ritratti*. Nachdem ich die Nacht bei den Adressaten meiner römischen Auftraggeber verbracht hatte, stellte ich mich in aller Frühe mit diesem *Porträtalbum* im Brotbeutel vor die Tore der Stadt und wartete auf ein Auto nach Venedig oder zumindest in diese Richtung. Eine Gelegenheit bot sich nur bis Padua an.

In Padua traf ich polnische Offiziere, die ich kannte, und gelangte zusammen mit ihnen gegen Mittag nach Venedig. Die Militärkommandantur, die sich in einer Seitenstraße neben dem Markusplatz befand, war bereits geschlossen und wurde erst am frühen Abend wieder geöffnet. Zunächst war ich bereit, auf das mir zustehende Quartier zu verzichten und in den wenigen nicht requirierten Hotels nachzufragen. Alle waren angeblich überfüllt; angeblich, denn die Wahrheit spiegelte sich in den unfreundlichen Blicken der Hotelangestellten.

Ich kehrte also zum Marktplatz zurück, und es gelang mir mit etwas Glück, den einzigen freien Tisch in dem gegenüber der Basilika gelegenen Café zu ergattern. Aus dem Brotbeutel zog ich meinen frischerstandenen Riesenband heraus.

Bei dem *Porträtalbum* handelte es sich eindeutig um ein kommerzielles Unterfangen aus den dreißiger Jahren, das kein fachliches Auge eines Kunsthistorikers überwacht hatte. Aber die Auswahl an Bildern war groß, die Reproduktionen gut und die Angaben über die Künstler allgemein anerkannten Biographien und Monographien entnommen.

Bei solchen anthologischen Werken versucht man vor allem, deren Hauptanliegen zu erfassen. Im Falle des *Albums* ging es darum, die Porträtkunst möglichst umfassend darzustellen. Einem Seidenfaden gleich ist die Trennlinie, die ein gutes, konventionelles Porträt von einem Porträt unterscheidet, in dem der Maler den Charakter, die Psyche, die Geistigkeit und die ganze Lebenslast seines Modells (oder seiner selbst im Selbstporträt) *ergründen* möchte. Grob gesagt würde ich, natürlich mit Ausnahme konventioneller Porträts, in denen Ähnlichkeit und Kleidung eine Hauptrolle spielen, drei Porträtkategorien unterscheiden. 1) Das zielsichere, bei dem der Künstler schon auf den ersten Blick das Wesentliche eines Gesichtsausdruckes erfaßt (zum Beispiel Holbein und Rembrandt); ich wenigstens bin überzeugt, daß jedes bedeutende und richtig beobachtete Gesicht vom ersten Augenblick an mit voller Kraft zu uns spricht. 2) Das poetisch-emotionale, das ebenso intensiv und entdeckungsfreudig ist wie ein gutes Gedicht (sagen wir, van Gogh). 3) Das eindringlich-psychologische, das in der Erfassung des porträtierten Gesichts sehr persönlich ist (Lorenzo Lotto), im Gegensatz zum Typischen bei Tizian.

Lorenzo Lotto! Der Name des großen, lange vergessenen venezianischen Malers und wichtigsten Porträtisten ist nun gefallen. Ich schreibe ihn mit gewissem Zögern nieder. Wird mir der Leser glauben – und es liegt mir sehr viel daran –, daß ich gleich zu Beginn meiner Reise (und meiner Erzählung) auf die im *Venezianischen Porträt* so wichtige Spur gestoßen bin? Wenn er bei der weiteren Lektüre skeptisch blickt, bitte ich ihn zu bedenken, daß nicht der Autor Herr ist über manche kapriziösen, sich unerwartet überschneidenden und dann plötzlich wieder trennenden Schicksalslinien; oft wird der Autor selbst davon überrascht, daß eine andere Hand seine Hand führt.

Die im *Porträtalbum* gemachten Angaben über den Künstler, die sich aus maßgeblichen Zitaten zusammensetzten, offenbarten das Leben eines ewigen Pechvogels. Lotto wurde gegen Ende des 15. Jahrhunderts in Venedig geboren. Erst das ausgehende 19. und unser Jahrhundert erkannten in ihm endlich den Künstler, der manchmal seine Zeitgenossen – Tizian, Michelangelo, Raffael und Dürer – überflügelte, obwohl er im Laufe seines langen Lebens kaum beachtet und von den Kunstmäzenen und Kunstkennern stets unterschätzt wurde. Er malte viel, blieb aber erfolglos; auf der ständigen Suche nach wenigstens bescheidenen Aufträgen wanderte er rastlos umher. Für seine Arbeiten in den Kirchen oder für seine Porträts erhielt er Groschenbeträge. Der Ausruf des boshaften Aretin beschreibt seinen Charakter am besten: »Lotto, gut wie die Güte selbst und tugendhaft wie die Tugend!« In Zeitzeugnissen ist die Rede von »seelischen Abgründen« und »religiöser Unruhe«, was den Verdacht auf ihn lenkte, er könnte heimlich den Lutheranern zugeneigt sein. Er galt als Schüler von

Bellini (heute wissen wir, daß Alvise Vivarini sein Lehrer war). In den religiösen Fresken schien er Correggio verwandt zu sein, in den Porträts übertraf er den Lieblingsmaler von Stendhal. Er hatte nie geheiratet, und das unstete Wanderleben vertiefte in ihm nur den Hang zur Einsamkeit. Es hieß, daß er »wurzellos« sei. Nach dem Tode wollte er in seinem heimatlichen Venedig bestattet werden, aber er war zu arm, um dort seinen Lebensabend verbringen zu können. Seine letzten Jahre verbrachte er als »Laienbruder« in einem Kloster in Loreto, wo ihm der tägliche Teller Suppe sicher war und wo er ungefähr im achtzigsten Lebensjahr starb. Bernard Berenson schrieb zwanzig Jahre nach Erscheinen des *Porträtalbums* eine große Monographie über Lotto. Ich zitiere daraus einen Satz: »Es ist keinem Künstler, weder vor Lorenzo Lotto noch nach ihm, jemals gelungen, im Gesicht des Modells einen so bedeutenden Teil seines Innenlebens festzuhalten.«

Es dämmerte bereits, und so konnte ich mich zur Stadtkommandantur begeben.

Mein amtliches Schreiben wurde sofort, ohne Vorbehalte angenommen. Der englische Sergeant von der Quartierzuteilung fragte mich, ob ich lieber ein Zimmer in einem Hotel haben wolle oder in einem Privathaus, das teilweise requiriert worden sei. Ich wählte das letztere. Der Sergeant sah mit bekümmertem Gesicht seine Listen durch. Schließlich klopfte er erleichtert mit dem Finger auf eine der Adressen und meinte, daß ich das ganze Erdgeschoß in einem Häuschen an der *Calle San Barnaba* haben könne. »Aber«, fügte er hinzu, »ich möchte Sie redlicherweise warnen, daß das Haus halb verfallen, völlig vernachlässigt ist und einer venezianischen Gräfin gehört, die das Obergeschoß bewohnt. *She is a bitch and a witch.*«

Das Häuschen fand ich am Abend ohne größere Schwierigkeiten, obwohl es hinter einer Häuserreihe stand und mit der Straße nur über einen engen, schmutzigen Durchlaß verbunden war. Die Contessa (so wurde sie hier schlicht von allen genannt, ohne Hinzufügung eines Vor- und Nachnamens) nahm meine Einweisung entgegen, musterte mich mit kaum verhaltenem Abscheu und einem Funken Zorn in den schwarzen Augen von Kopf bis Fuß, milderte ein wenig ihren finsteren Blick, als sie erfuhr, daß ich Pole sei, gab mir den Schlüssel zur Eingangstür und kündigte sogleich an, daß sie »keinen Haushalt führe«. Aus der Kommode holte sie Laken und Handtücher, warf sie auf das Bett und eröffnete mir, die Küche sei nicht benutzbar, ebensowenig wie das Bad, in dem ich lediglich kalt duschen könne. Kaffee gebe es in der Bar auf dem *Campo San Barnaba*, neben der Kirche. Sie tat mir kund, daß sie Restauratorin und Kopistin sei und oft nachts arbeite, weshalb sie Ruhe und Stille schätze. »Am besten wäre es, wenn wir gegenseitig von unserer Existenz nichts wahrnähmen. Außerdem bitte ich Sie, kein geselliges Leben zu führen« (was ein Euphemismus war in bezug auf die bei Soldaten häufige Sitte, Prostituierte mitzubringen).

Der englische Sergeant hatte recht: die Vernachlässigung der beiden Zimmer im Erdgeschoß, der Küche und des Bades war ergreifend; glücklicherweise war außer dem breiten Bett noch ein Sessel zu gebrauchen, der neben einem Bücherschrank voller Kunstbände und Alben stand. Das übrige Mobiliar – ein Tisch, Stühle, eine Kommode – war schmutzig, wackelig und kippte bei der leisesten Berührung um. Auch das Haus glich mehr einer Ruine mit seinem abblätternden Verputz und einer eisernen Treppe an der Außenwand, die sich an die Mauer lehnte und in das Obergeschoß führte (die Innentreppe, die wohl nicht allzuoft benutzt wurde, knarrte furchterregend, als die Contessa herunterkam, um mir die Tür zu öffnen). Es war jedoch offensichtlich, daß in dem anderen Zimmer vor nicht allzu langer Zeit jemand gewohnt hatte. Die Wände hingen voller Gemäldereproduktionen und Photographien, und neben der Glastüre, die auf die Außentreppe hinausführte und jetzt verriegelt war, stand ein großer, antiker und verschlossener Kleiderschrank (der Schlüssel war abgezogen). Auf der eisernen Außentreppe schlummerten tagsüber, was ich erst am nächsten Morgen bemerkte, drei flauschige Katzen, welche die Ratten abschreckten, für die der Durchlaß von der Straße einen Weg zu den Kanälen bildete.

Als ich Jahre später zum Bewunderer der *Aspern Papers* von Henry James wurde, kam mir jedesmal, wenn ich die Novelle las, das Häuschen an der *Calle San Barnaba* in den Sinn. Es war zwar im Vergleich zu dem Haus der beiden Heldinnen der *Aspern Papers* nur armselig, aber es herrschte darin eine ähnliche Atmosphäre. Wie soll man sie beschreiben? Wohl als die Atmosphäre eines verschleierten und dahinkriechenden Verfalls, obwohl meine Contessa eine attraktive Frau von etwa vierzig Jahren war, wohingegen die alte Miss Bordereau, die in ihrer Jugend die Geliebte des berühmten Dichters Aspern gewesen war, dem Grabe bereits nahe stand, als sie eifersüchtig dessen unschätzbare Liebesbriefe hütete.

Erschöpft sank ich auf das Bett. Als ich erwachte,

war es bereits zehn Uhr, und ich war hungrig. Über den dunklen Durchlaß ging ich auf die Straße – zum *Campo* war es nicht weit. Die Bar neben der Kirche war noch geöffnet, aber leer (in Venedig ist vor der Sommersaison zehn Uhr eine sehr späte Stunde). Ich ging in das Hinterzimmer, wo es noch etwas Kaltes zu essen gab und eine Flasche Wein. Der Wirt ließ die Rollos vor der Eingangstür herab, knipste das Licht in der Bar aus und setzte sich zu mir. Er wußte schon, daß ich bei der Contessa Wohnung genommen hatte.

Das Gespräch bedurfte keiner Anfeuerung. Eine kleine abendliche Unterhaltung bei einem Glas Wein in gelöster Atmosphäre ist das Vergnügen eines jeden Barbesitzers. Die Contessa entstammte keiner Grafenfamilie. Als junge Studentin der Kunstakademie erlag sie den Verführungskünsten des viel älteren Grafen Terzan. Schließlich wurde sie schwanger. Terzan erklärte sich bereit, ihr und dem Kind seinen Namen samt Titel zu geben, aber unter der Bedingung, daß sie ihn nach der Hochzeit nie wieder aufsuchen würde. Er kaufte ihr das Häuschen an der *Calle San Barnaba*, das damals noch solide war, und fuhr auf sein Gut bei Sondrio in der Valtellina. In Venedig wurde er nie wieder gesehen und ist nicht einmal zur Erstkommunion seines Sohnes gekommen. Der Junge hatte das Gymnasium beendet und ein Architekturstudium begonnen. Er hieß Alvise, wurde aber Alvi genannt. Die Mutter restaurierte alte Gemälde oder kopierte Meisterwerke aus der Akademie, die reiche Kunden bei ihr bestellten, und verdiente so den Lebensunterhalt für beide. Sie war in Alvi verliebt (was auf Gegenseitigkeit beruhte) und sah nichts mehr von der Welt außer ihm. Ja, ja, ein hübscher und guter Junge. Sie selbst lebt wie eine Nonne, obwohl sie – Sie haben es ja selbst gesehen – noch jung und schön ist. Sie hat das Haus und sich selbst vernachlässigt. Heute fehlt es ihr am Notwendigsten – wem steht jetzt der Sinn nach Restaurierung alter Gemälde oder Bestellung teurer Kopien aus der Akademie? Sie hat sich so verschuldet, daß die Lebensmittelhändler ihr nichts mehr auf Kredit verkaufen wollen. Ich gebe ihr in der Früh einen *cappuccino e cornetto* und mache gute Miene zum bösen Spiel, wenn sie mich dies im Schuldenheft aufschreiben läßt. Ja, die Contessa! Sie ist die uneheliche Tochter der Schulhausmeisterin (diese Hausmeisterin hat später geheiratet und eine zweite Tochter geboren, die heute als reiche Frau in Rom lebt), benimmt sich aber wie eine echte Gräfin. Seit drei Jahren kennt sie nur einen Gedanken: Anfang 1943 wurde ihr Sohn in die Armee einberufen, und seit er ein Jahr im Dienst war, hat er nichts mehr von sich hören lassen. Sie werden es ja selbst sehen, wie sie am Morgen und am Nachmittag zum Postkasten eilt. Nichts, seit zwei Jahren kein Wort. Alle wissen wir es. Schließlich ist der Krieg seit genau einem Jahr zu Ende, und so viele venezianische Soldaten sind zu ihren Familien zurückgekehrt. Sie werden sehen – in der Früh zum Postkasten, dann in die Akademie, am Nachmittag zum Postkasten, abends bis spät in die Nacht, manchmal sogar bis in die Morgenstunden, brennt in ihrem Zimmer ein helles Licht. Für das Licht gibt sie wohl den größten Teil dessen aus, was sie verdient. Aus dem Haus geht sie nur selten. Manche behaupten, sie gehe nur in Antiquariate und in die Geschäfte für Leinwand und Farben. Ihr Häuschen wird noch eines Tages zusammenfallen, es wird, bei Gott, zusammenfallen und die Contessa mitsamt ihren Bildern unter sich begraben. Es ist spät geworden, Mitternacht, Zeit zu schließen. Ich habe Ihnen die Ohren vollgeschwatzt; aber es ist besser, zu wissen, bei wem man wohnt. Ich vermute, daß das bißchen Geld, das sie von der Armee für die Zimmervermietung bekommt, ein wichtiger Posten in ihrem gegenwärtigen Budget ist. Das Problem ist nur, daß es dort kaum jemand mehr als drei, vier Tage aushält.

Innerhalb von zwei Tagen hatte ich alle meine amtlichen und persönlichen Angelegenheiten erledigt und hätte mich eigentlich nach einer Mitfahrgelegenheit nach Rom umsehen können. Aber man kommt nicht zum erstenmal im Leben nach Venedig, um es sogleich wieder zu verlassen. Ich verwandelte mich also mit einem Gefühl der Leichtigkeit und wachsender Begeisterung in einen Touristen. Außerdem war es noch weit bis zu dem von mir ursprünglich angenommenen Rückreisetag.

Venedig war für mich nach Neapel und Rom die dritte italienische Großstadt, die ich gleich nach dem Krieg besichtigte. Florenz übergehe ich, denn mein Aufenthalt dort glich einem Blitzbesuch in einer Museumsstadt, bei dem es keine Möglichkeit gab, einen tieferen Einblick zu gewinnen.

Jede der drei Städte tauchte auf eine andere, ihr eigene Art aus den Kriegswirren auf. Neapel mit einem schmerzerfüllten Lächeln (aber eben mit einem Lächeln) und einem trügerischen Leuchten in den Augen, wie es sich für eine Stadt gehörte, die in ihrer Geschichte schon manchen Eroberer und manche Fremdherrschaft zu ertragen und mit der unsichtbaren Waffe einer durchtriebenen und höhnischen Fügsamkeit zu überwinden verstand. Rom mit der

Grimasse verzweifelter Panik, mit dem verlorenen und demütigen Blick eines armen Schluckers, der plötzlich fast alles, was er besaß, verloren hat und bereit ist, auch den ihm verbliebenen Rest für eine Überlebenschance wegzugeben. Venedig aber (vielleicht lag dies daran, daß schon ein Jahr seit dem Kriegsende vergangen war) mit unvergleichlicher Eleganz, Würde und der geheimnisvollen Erhabenheit eines unberührbaren Wesens, einer so stolzen Stadt, daß keiner es wagen würde, die Hand gegen sie zu erheben.

Nicht in banale Wiederholungen zu verfallen ist besonders schwierig, wenn man die Begeisterung in Worte zu fassen sucht. Ähnliche Fallen lauern bei Liebeserklärungen und Beschwörungen. Doch dann kommt es zu einer Art Absolution des Banalen, das nicht mehr als solches empfunden wird, weil die scheinbar abgenutzten und abgedroschenen Worte in neuem Licht zu leuchten beginnen und gewissermaßen die engen Grenzen ihrer alltäglichen Bedeutung sprengen.

Und so gestaltete sich meine amouröse Einweihung in die Geheimnisse Venedigs. Von Tag zu Tag verliebte ich mich mehr in diese Stadt, von der der Dichter sagt, daß sie auf Tagträumen aufgebaut sei, und die ich wegen ihrer sonderbaren Verbindung, der – fast möchte man sagen – Vermählung von Traum und Wirklichkeit, bewunderte. Dieser kurze Augenblick des Erwachens, wenn der entschwindende Traum noch anhält, um sogleich im Tageslicht zu verwehen. Das war, für mich jedenfalls, der Baustoff, aus dem Venedig bestand. War es noch wirklich? Oder schon irreal? Ich verharrte lange auf den Brücken über den Kanälen, als ob ich in dem dunklen Wasser einen Spiegel zu sehen hoffte, in dem sich das, was vergangen war, erhalten hat, in dem sich die vergehende Zeit widerspiegelt. Auf den Straßen und Plätzen lauschte ich dem Klang der Schritte. Entfernten sie sich bereits, oder kamen sie erst näher? Ich benutzte keine Boote, denn mir lag daran, alles zu Fuß zu erreichen. Die Gondel erschien mir wie etwas Geisterhaftes. Es war mir klar und ich habe mich rasch damit abgefunden, daß ich niemals zum Kern von Venedig vordringen würde wie in anderen Städten, auch wenn ich hier wohnen oder über viele Jahre häufig kommen würde. Er ist nämlich nicht vorhanden. Es gibt keinen Kern oder kein Herz Venedigs; es ist dazu viel zu fließend und flüchtig, einerseits greifbar und doch nicht faßbar. Den Markusplatz und die großartige Basilika mochte ich nicht, auch nicht den Dogenpalast und die allzu konkrete Stadt, die sich auf das winzige Stück festen Bodens stützt. Ich bevorzugte das auf der Grenze balancierende Venedig, denn es war ein Beweis für die Realität des Traums. Sogar auf dem *Canal Grande*, dieser Schlange (so nennen ihn viele Reisende) von Palästen, die aus mysteriösem Material gewoben, wie ein Trugbild zerbrechlich sind, *ist* Venedig und ist auch wieder nicht, beherrscht es die Idee Europas und droht zugleich zu entschwinden, unterzugehen. Eben in dieses Venedig war ich voller Bitterkeit und gleichzeitiger Bewunderung verliebt und durchquerte es von früh bis spät auf allen nur zugänglichen Wegen. Wahr ist aber auch – und das darf ich nicht verheimlichen –, daß vom ersten Augenblick an meine Liebe zu Venedig auch der Frau galt, bei der ich wohnte.

Mit der ordinären Bezeichnung *bitch* bedachten die englischen und amerikanischen Soldaten alle Frauen, vor allem solche, die sie nicht oder nur vom Sehen kannten; dies war also eine Beleidigung. Dagegen hatte der englische Sergeant von der Stadtkommandantur mit der Bezeichnung *witch* entweder zufällig oder auf Grund einiger flüchtiger, geschäftlicher Begegnungen das getroffen, was der Contessa tief verborgen innewohnte. Wenn in ihren schwarzen, glühenden Augen, die mit den langen, sehr hellen Haaren kontrastierten, Zorn aufblitzte, dann kam *auch* die Hexe zum Vorschein. Und dann sah sie furchterregend aus, ohne von ihrer Attraktivität, ja seltenen Schönheit, etwas einzubüßen. Einen Augenblick später überzog sich ihr Gesicht mit einem dunklen, sanften Schleier, die schwarzen Augen verloschen zwar nicht, aber zogen sich irgendwo weit zurück in nur ihr zugängliche Regionen. Groß, schlank, wohlgebaut, wirkte sie jünger, als sie war, denn sie mußte um die Vierzig sein. Sie hatte die Gabe, sich blitzartig zu verändern, als ob ihr daran gelegen sei, den Betrachter durch ständige Mutationen zu verwirren. Sie war sich ihrer Schönheit bewußt, aber ohne einen Schatten von Eitelkeit. Abgesehen von den manchmal zum Zuge kommenden Zornausbrüchen, war sie engelhaft sanft, verträumt und konzentriert, wobei sie zwei Dinge verehrte: ihren Sohn und die venezianische Malerei (der Sohn war ein Tabuthema, die venezianische Malerei ein stets gern aufgegriffener Gesprächsstoff). Sie selbst stellte keine Fragen und unterband auch die vorsichtigsten Versuche, sie zum Reden zu bewegen, mit Stirnrunzeln und einem zusammengekniffenen Mund. Ihre Rätselhaftigkeit schien sie bewußt und zielsicher zu hüten. Ich skizziere dieses Bild nachträglich, aus einer Zeit, als ich abends, auf ihre Einladung hin, nach oben kletterte.

Bald kam mir ein wahnwitziger Gedanke: sie war in irgendeiner Weise die Personifizierung Venedigs, aber nicht in dem landläufigen Sinne, daß sie eine typische Tochter der Lagunenstadt gewesen wäre und einige ihrer Eigenschaften in sich verband, sondern in dem Sinne, daß *sie selbst* Venedig war, ein Gegenstand der Bewunderung, der in diese herrliche Stadt integriert war, wie die Welt, die auf ewig im Spiegel der Kanäle gefesselt war. Sie war ein Plebejerkind, in dem die erworbene aristokratische Patina eine reine, wohlklingende Verbindung mit der niederen Herkunft gebildet hatte.

Nachdem ich einige Tage lang die Stadt ausgiebig durchquert hatte, in die engsten Winkel vorgedrungen, entlang der Kanäle spaziert war, mich auf den kleinen Plätzen gesonnt und an Mauern und Brücken geträumt hatte, war nun die Malerei an der Reihe. Todmüde kam ich spätabends nach Hause. Vor dem Einschlafen vertiefte ich mich in die vier Photos, die an der Wand hingen und den Sohn der Contessa zeigten. Sie waren gerahmt und stufenförmig angeordnet: vom Kinderbild über das eines Halbwüchsigen bis zu zwei Photos des jungen Studenten. Zu ihnen paßte nur ein einziges Wort: Cherub. Die kindlichen Ringellocken hatten einem dichten Schopf Platz gemacht, die Augen aber und das rundliche, später ovale Gesicht strahlten Güte und eine unbeschreibliche Süße aus. In dem jüngsten Photo war zwar der Blick ein wenig härter geworden, aber nicht so sehr, daß der cherubinische Ausdruck darunter gelitten hätte. Seiner Mutter sah er etwas ähnlich, insbesondere durch die mädchenhaften Züge um den Mund.

Als ich die Akademie betrat, wußte ich, was ich vor allem suchte. Zerstreut betrachtete ich die Gemälde in den ersten Sälen, blickte in die Seitenkabinette und dachte schon, es sei alles vergeblich, als ich in der Ecke der Sammlung venezianischer Meister meine Zimmerwirtin entdeckte. Sie kopierte ein Porträt von Lorenzo Lotto, *Giovane nel suo studio*, und war so in ihre Arbeit vertieft, daß sie gar nicht merkte, wie sie von hinten beobachtet und ihre präzise Pinselführung auf der Leinwand, die in ihren Ausmaßen dem Original entsprach, eifrig verfolgt wurde. Ach, Lotto! Die linke Hand, die in einem Buch blätterte, bildete einen wundervollen Kontrapunkt zu dem ziemlich asketischen, glatt frisierten Kopf, der die Bezeichnung *Giovane* im Titel des Porträts nicht rechtfertigte. Der Jüngling hatte seine Jugend eigentlich schon hinter sich gelassen. Ich trat etwas näher und blickte ihr über die Schulter, um zu sehen, wie sie mit dieser wundervollen Hand auf dem aufgeschlagenen Folianten zurechtkam. Da erst wandte sie sich um und beantwortete meinen Gruß. An die Wand gelehnt und zum Verkauf bereit stand eine fertige Kopie von Giorgiones *Gewitter*. Ihre Genauigkeit und die Erfassung der alten Farbnuancen waren erstaunlich, und die Gestalt der nackten Frau mit einem Säugling auf dem Schoß war fast besser als im Original.

Wir verließen kurz die Akademie und blieben am Kanal stehen. Sie war überrascht, daß ich über Malerei, insbesondere die Porträtkunst, recht gut Bescheid wußte. Ihrer Meinung nach waren die venezianischen Porträtisten unübertroffen, am höchsten aber schätzte sie Lotto. Leicht hätte ich widersprechen können, aber ich hatte dazu keine Lust und betrachtete sie, als wäre sie selbst ein lebendiges Porträt. Ich nickte ihr automatisch zu, bis sie merkte, daß ich nicht ganz bei der Sache war. Sie lachte mit kaum wahrnehmbarer Koketterie auf und sagte: »Kommen Sie heute abend nach oben; ich muß jetzt wieder zurück an meine Staffelei.«

Damit begannen meine Besuche im Obergeschoß. Abends kehrte ich aufgeregt und ungeduldig von meinen Wanderungen durch die Stadt zurück, denn eigentlich wartete ich den ganzen Tag auf den Abend, wobei ich Venedig immer mehr mit der Venezianerin verwechselte oder vielleicht auch identifizierte. Mit einer Flasche Whisky und Konserven aus dem venezianischen Militärladen in Händen, stieg ich über die knarrende Treppe nach oben. Was war es für ein Vergnügen, mit ihr nach dem Abendessen, ein Whiskyglas in der Hand, über Malerei zu sprechen. Ich vergaß alles – Rom, meine Frau, meine Dienstpflichten. Es verstrichen die dritte, die vierte der »außerprogrammäßigen« Wochen meines Venedigaufenthaltes. Im Briefkasten, zu dem die Contessa tatsächlich zweimal täglich lief, tauchten an mich gerichtete Briefe, Mahnungen, Aufforderungen zur Rückkehr und Vorhaltungen auf. Als Antwort verschickte ich euphorische Postkarten, ohne ein Wort der Erklärung, wie ein Betrunkener, der nicht wahrnimmt, was man zu ihm sagt.

Das Obergeschoß war genauso groß wie das untere, nur war die Trennwand zwischen dem Arbeits- und Schlafzimmer herausgerissen; außerdem waren die seitlich gelegene Küche und das Bad vergrößert. Das ganze Stockwerk glich eigentlich einem großen Arbeitsraum – überall standen Ölgemälde, lagen Skizzenbücher, Alben und lose Reproduktionen und bedeckten sogar das breite Bett; es bedurfte großer

Geschicklichkeit, um von der einen Ecke in die andere zu gelangen. Der eigentliche Arbeitsraum, zugleich Wohnzimmer mit zwei Sesseln, unterschied sich durch seine Wanddekorationen vom Schlafzimmer. Die Wände des Schlafraumes waren voller Photos ihres Sohnes. Im Arbeitsraum dominierten zwei sehr große, in prächtige Rahmen gefaßte Reproduktionen von Lotto: *Giovanetto* aus dem Sforza-Schloß in Mailand und *Ritratto d'uomo visto per tre lati* aus einer Wiener Galerie. Neben dem Fenster, das auf den schmalen Durchgang hinausging und den Blick freigab auf die *Calle* und den Kanal, stand eine Staffelei mit einem Bild von mittleren Ausmaßen, das mit einem farbigen venezianischen Schultertuch bedeckt war. Der Meister hat seinen Mailänder *Jüngling* mit dem reich verzierten Barett, dem gestreiften Kaftan und dem Buch auf den Knien in einer Position zwischen Profil und *en face* porträtiert; er sitzt seitlich zum Betrachter und wendet sich ihm teilweise zu – es ist das Gesicht eines Epheben von ungewöhnlich gleichmäßigen Zügen, dessen Schönheit noch durch das große, in seinem Ausdruck unergründliche Auge (das zweite ist kaum sichtbar) unterstrichen wird. Das Wiener *Dreierporträt* wirkt wie eine Spielerei Lottos. Es zeigt einen etwa fünfunddreißig Jahre alten Mann mit einem dünnen Bart, der eine Hand auf die Brust gelegt hat und in seiner Würde und Lebenserfahrung etwas schwerfällig wirkt; auf den beiden Seiten aber ist er zugleich im Profil zu sehen, rechts schärfer, links nicht so genau. Überraschend wirkte die Zusammenstellung des Mailänder Porträts und des Wiener Dreierporträts auf einer Wand: es schien fast, als sei es derselbe Mann, der in jungen Jahren und im reiferen Alter Modell gesessen hätte.

War ich in sie verliebt? Vielleicht war diese Faszination eine Krankheit, eine wunderschöne Krankheit? Soweit ich mich an den Traktat von Stendhal *De l'amour* erinnere (ich habe ihn hier nicht zur Hand), dann hat der große Kenner menschlicher Herzen darin Gefühle beschrieben, die neben einer wirklichen, der hauptsächlichen Liebe auftreten können und diese auch gar nicht verdrängen oder bedrohen, sondern eine Bezauberung und ein Entzücken darstellen; über einen von solchen Gefühlen befallenen Menschen sagen die Italiener (und Stendhal war wohlbewandert in der italienischen Liebessprache), *è stato stregato*, er ist behext. Selbstverständlich kann auch eine derartige amouröse Abzweigung vom Hauptstamm der Gefühle zu einer anderen, der wirklich geliebten Frau, nach einiger Zeit zur stendhalschen »Kristallisation« führen. Dazu ist es in meinem Fall nicht gekommen, aber es hat nur noch ein kleiner Schritt gefehlt.

Es war seit dem Beginn meiner abendlichen Besuche im Obergeschoß wohl ein Monat verstrichen. An jenem Morgen erhielt ich einen offiziellen Brief aus meinem römischen Militärbüro mit der Warnung, daß mein weiterer Aufenthalt in Venedig als Desertion angesehen werden könne; mein Bürokollege fügte hinzu, daß sich meine Frau »ernsthaft Sorgen zu machen« beginne. Gegen elf Uhr, als wir bei einem Glas Whisky ins Gespräch vertieft waren, legte die Contessa ihre Hand auf mein Knie. Ich legte meine Hand auf die ihre. Sie zog sie nicht zurück, schloß aber leicht die Augen. Nun war ich an der Reihe mit dem nächsten Zug; ich verspürte eine Trockenheit im Hals und wußte, daß sich in unserer Beziehung etwas Wesentliches änderte. Das war wohl jene »Kristallisation«, die gewaltig hereinbrach und die Zeit zum Stehen brachte. Plötzlich rief sie jemand unten neben dem Tor in deutlich verärgertem Tonfall. Sie sprang auf und ging ans Fenster: »Danke ja, ich komme, wollen Sie bitte entschuldigen.« Und zu mir sagte sie: »Ich komme gleich wieder, ein Anruf für mich bei den Nachbarn.« (Sie wollte sich »aus grundsätzlichen Erwägungen«, oder vielleicht aus Furcht vor den Kosten, kein Telephon anschaffen.) Sie lief die knarrende Treppe hinunter. Von oben konnte ich sehen, daß sie die Tür unten offenließ.

Als ich mich wieder etwas gefaßt hatte, wurde ich von dem unwiderstehlichen Verlangen ergriffen zu erkunden, was auf der Staffelei so sorgsam unter dem Tuch verborgen war. Es war nicht nur ein bespannter Keilrahmen. Es war ein Bild, das in einen alten, vergoldeten und wurmstichigen Rahmen gefaßt war. Es zeigte den Mailänder Jüngling bereits deutlich im Halbprofil skizziert – mit dem Gesicht eines Cherubs. Das war Alvi. Es bestand kein Zweifel. Zu oft hatte ich seine Photos betrachtet. Rechts Alvi *en face*, die Ähnlichkeit war noch frappierender. Das Bild war als Doppelporträt komponiert.

Gerade noch rechtzeitig konnte ich es wieder mit dem Tuch bedecken. Von unten war das Zuschlagen der Eingangstür zu hören. Die Contessa zitterte vor Aufregung, und es schien, daß sie kein Wort hervorbringen werde. Dennoch sagte sie, etwas stotternd zwar: »Bitte, ziehen Sie morgen aus, ich brauche die untere Wohnung, bitte, ich flehe Sie an.«

Am Morgen verließ ich das Haus mit meinem Brotbeutel, aber anstatt mich sofort auf den Platz neben dem Bahnhof zu begeben, versank ich noch einmal, zum letztenmal, in Venedig. Wundervolles Venedig, wundervolle Venezianerin. Werde ich euch jemals wiedersehen? Als es schon dämmerte, merkte ich, daß ich noch den Hausschlüssel in der Tasche hatte und daß mir in meinem Brotbeutel das *Porträtalbum* fehlte. Abends schlich ich wie ein Dieb zur *Calle San Barnaba*, öffnete lautlos die Tür, machte im Zimmer kein Licht an, sondern tastete mich auf Zehenspitzen zu dem Tischchen neben dem Bett, auf dem mein *Album* lag. In dem Augenblick hörte ich Schritte, und ein hochgewachsener Mann in Kampfanzug und Feldmütze stieg die Eisentreppe hoch. Die Contessa lief ihm entgegen und umarmte ihn leise schluchzend. Ich sah beide, ohne daß ich gesehen wurde. Er hatte einen Bart, und für einen Sekundenbruchteil sah ich, als er sich plötzlich umwandte und durch die Scheibe in das Zimmer blickte, in dem ich erstarrt und an die Wand gedrückt stand, ein hartes, grausames Gesicht mit zwei glühenden Kohlen an Stelle der Augen. So behielt ich die Rückkehr des »Cherubs« aus dem Krieg in Erinnerung.

Ich hatte Glück. Auf dem Platz neben dem Bahnhof bereitete sich gerade ein neuseeländischer Lastwagen mit einer Ladung Kisten, die mit einer Plane bedeckt waren, auf die nächtliche Fahrt nach Rom vor. In der breiten Fahrerkabine war noch genug Platz für einen dritten Passagier, der sich zwischen den Chauffeur und dessen Begleiter zwängen konnte.

In Rom ergriff mich eine eigenartige Stimmung – was weder meinen Kollegen im Büro noch meiner Frau zu Hause entging –, eine Mischung aus Euphorie und Unruhe. Sowohl für das eine als auch für das andere konnte Venedig leicht verantwortlich gemacht werden. Ich hatte mich in Venedig verliebt – das erklärte die Liebeseuphorie; der Zweifel dagegen, ob ich Venedig jemals wiedersehen würde angesichts der Vorbereitungen zur Evakuierung unserer Armee aus Italien nach England, weckte die Unruhe.

Im Sommer fuhr ich zusammen mit meiner Frau für eine Woche nach Capri. Am Strand fand ich eine wohl von einem amerikanischen Soldaten liegengelassene Nummer von *Stars and Stripes*, einer Tageszeitung für englischsprachige Soldaten, in die ich fast nie reinschaute, da ich die polnische Zeitung des Zweiten Corps und die italienischen Zeitungen zur Verfügung hatte, die für mich als Übungsmaterial für meine Italienischstudien besonders wichtig waren. In *Stars and Stripes* war eine ganze Doppelseite einer Photoreportage aus Venedig gewidmet. Obwohl die Photos schwach waren, erkannte ich die Contessa und ihren Sohn sofort. Aus mir bis heute unerklärlichen Gründen fand sich in den italienischen Zeitungen (natürlich ganz zu schweigen von unserer bescheidenen polnischen Zeitung) kein Wort über die Ereignisse, über die der amerikanische Reporter hier berichtete. Sollten sich die italienischen Journalisten, die ja sonst eine solche Vorliebe hegen für eine *cronaca nera*, dieses Vorfalls in Italiens Nachkriegsatmosphäre geschämt haben?

Knapp zusammengefaßt handelte es sich um folgende Geschichte. Graf Alvise Terzan, der Sohn der Gräfin Giuditta, hatte sich während der letzten Kriegsphase in der Republik Salò einer Sondereinheit angeschlossen, die bald wegen ihrer Grausamkeit berüchtigt war und von dem Reporter als »Häschereinheit« bezeichnet, aber auch von den Italienern mit den Worten *la squadra fascista degli aguzzini e dei boia* gebrandmarkt wurde. Nach dem Zusammenbruch kehrte er in das heimatliche Venedig zurück und wurde von seiner Mutter in ihrem Haus an der *Calle San Barnaba* versteckt. Sie hatten die Angewohnheit, sehr spät, weit nach Mitternacht, einen Spaziergang zu machen durch die zu dieser Stunde völlig menschenleere Stadt. Vorgestern, am 27. Juli (so berichtete der venezianische Korrespondent und Reporter), war aus dem Tor eines Hauses am *Campo San Barnaba* ein maskierter Mann hervorgesprungen, auf das Paar zugelaufen und hatte ohne ein Wort drei Schüsse auf den jungen Grafen abgegeben. Danach flüchtete er in Richtung *Canal Grande*, wo wahrscheinlich ein Motorboot auf ihn wartete. Die den Bericht abschließende Szene mußte nicht unbedingt der Phantasie des Reporters entsprungen sein. Erstens war es möglich, daß sie jemand aus dem Fenster am *Campo* beobachtet hatte, zweitens stelle *ich* sie mir eben so und nicht anders vor. Es dauerte zwanzig Minuten, bis die herbeigerufene Polizei an den Ort des Geschehens kam. In der Zeit kniete Gräfin Giuditta zunächst schweigend neben der Leiche ihres Sohnes und legte sich dann auf ihn, »als wenn er ihr Geliebter und nicht ihr Sohn gewesen wäre« (so der Reporter). In dieser Stellung verharrte sie bis zur Ankunft der Polizei, und zwei kräftige Männer hatten lange große Mühe, sie von dem Erschossenen loszureißen.

Sonderbar, ich wollte diese Nummer von *Stars and Stripes* meiner Frau, die neben mir am Strand lag, nicht zu lesen geben. Ich täuschte Zerstreutheit vor, sprang mit der Zeitung ins Meer und schwamm mit kräftigen Stößen weit hinaus. Die aufgeweichte Zeitung begann langsam zu versinken; bewegungslos hielt ich mich in ihrer Nähe und starrte auf die beiden Photos, die sich immer mehr auflösten.

Es war noch zu früh, um über die »Einheit der Häscher und Henker«, wie sie von den Italienern genannt wurde, etwas in Erfahrung bringen zu können. Aber Informationsfetzen, wenn auch chaotische, ließen sich hier und da auffangen. Nach Rom gelangten Teilnehmer oder Zeugen der Kämpfe im Norden. Sie waren allerdings nicht übermäßig gesprächig – die Endphase des Krieges begünstigte Grausamkeiten auf beiden Seiten, sowohl bei den Faschisten wie bei den Partisanen; das am häufigsten verwendete Wort hieß damals »Eskalation«. Dennoch lösten sich manchmal beim Wein, bei einer Flasche Alkohol, die Zungen. Bei meinen vorsichtigen Nachforschungen stieß ich zweimal auf den Namen des jungen Grafen Terzan. Jedesmal wurde er als *belva* bezeichnet, was einer Verbindung von »Bestie« und »blutrünstiger Mensch« entspricht. Einer der Erzähler ging sogar weiter und sagte: *belva umana*. Das klingt noch schärfer.

Unentwegt dachte ich damals an ihn, den »Cherub« mit Namen Alvi, und nicht an seine Mutter. Der Krieg hatte mit Beispielen von menschlicher Verrohung und früher unvorstellbarer Grausamkeit nicht gegeizt, insbesondere in meiner Heimat. Wenn wir Nachrichten aus dem von Hitler und zunächst nur teilweise und dann mehr und mehr von der Roten Armee besetzten Europa hörten, dann erlagen wir manchmal der unwillkürlichen, dummen und egoistischen Reaktion, daß »der Mensch sich an alles gewöhne«. In diesem Satz verbirgt sich der Keim einer totalitären »Reedukation«. Es war eine Lüge, die uns wie Gift in die Seelen geträufelt wurde. Und in diesem Bewußtsein lebte ich in Rom und war mir sehr wohl darüber im klaren, daß mir das Ende des

Krieges, das ein Aufleben der elementaren menschlichen Gefühle ankündigte, ein Verharren in diesem Bewußtsein nicht ohne weiteres erlauben würde. Schließlich konzentrierte ich mich auf das Gesicht von Alvise Terzan. Ich erinnerte mich an das kindliche, weiche, fast mädchenhafte Gesicht auf den Photographien; und an das Gesicht hinter der Scheibe, als er an jenem Abend der Heimkehr einen Blick in sein Zimmer warf – ein hartes Gesicht voll erstarrten, verfestigten Hasses. Was war dazwischen geschehen? Wie war es zu dieser erstaunlichen Veränderung gekommen?

Selbstverständlich konnte das Zusammenklauben von Informationsbruchstücken keine Antwort auf diese Fragen geben. Er tauchte darin nur zweimal flüchtig auf als einer, der immer verbissener »Verdächtige« folterte, Alte und Kinder erschoß, Frauen vergewaltigte und Häuser, die als »feindlich« galten, in Brand steckte. Sein Name versetzte in Angst und Schrecken. Dort, wo er und seine Mannen vorbeigezogen waren, blieben nur noch wenige zurück, die das Geschehene beweinen konnten.

Wenn ich abends einsam (oder in Begleitung meiner Frau) am Tiber spazierenging oder mich in der Menge der Feiernden auf den Straßen Roms aufhielt, folgte mir stets das *Gesicht des Bösen*. Eines Bösen, das aus einem Verlangen, einem unüberwindbaren Verlangen hervorging, Schmerz zuzufügen.

Unsere Armee wurde – mit Ausnahme derjenigen, die sich entschlossen hatten, nach Polen zurückzukehren, oder aus familiären Gründen in Italien bleiben wollten – bereits nach England evakuiert. Ich gehörte zu einer kleinen Gruppe von Personen, die aus verschiedenen Gründen gezwungen waren, ihren Aufenthalt in Rom noch zu verlängern. Schließlich mußte man sich jedoch der Demobilisierung unterziehen, die in England durchgeführt wurde.

Ich erhielt Nachricht, daß der Spätherbst 1947 der letztmögliche Termin hierfür sei. Für Anfang November bereitete ich für meine Frau und mich eine Überfahrt nach London vor. Zuvor jedoch löste ich das meiner Frau gegebene Versprechen ein und fuhr mit ihr im September nach Venedig. Dies sollte wohl (für mich) der Abschied von Venedig werden.

Wir fuhren mit dem Zug. In Italien kehrte das Leben nach dem Krieg rasch in die normalen Bahnen zurück. Die Privilegien für die ehemaligen *liberatori* waren aber inzwischen aufgehoben, und wir mußten uns selbst eine Übernachtung suchen. Ich erinnerte mich noch von meinem vorigen Aufenthalt, daß das ehemalige *Ruskin House* in *Zattere* in ein bescheidenes Hotel umgewandelt worden war. Es war nach der Requirierung durch die Armee in einem beklagenswerten Zustand, aber die Wirtin oder auch Eigentümerin, eine etwas schrullige alte Engländerin, schloß uns sofort in ihr Herz und gab uns ein ordentliches Zimmer mit schönem Blick auf die Insel *Giudecca*.

Die Geschichte meiner ersten Reise nach Venedig verheimlichte ich nicht vor meiner Frau, ließ nur unerwähnt, daß ich nahe daran gewesen war, mich in die Contessa zu verlieben. Ähnlich wie auch ich konzentrierte sie sich auf die Tragödie mit dem Sohn, die bezeichnend war für die stürmischen Jahre nach dem Ende des Faschismus. Am späten Abend des zweiten Tages unseres Venedigaufenthaltes begleitete sie mich zu der Bar am *Campo San Barnaba*. Der Barbesitzer erinnerte sich zu meiner Verwunderung noch an mich. In der schon leeren Bar baten wir ihn um Mitternacht an unseren Tisch. An der Stelle sei bemerkt, daß ich mich sogleich nach der Ankunft allein zu dem Häuschen an der *Calle San Barnaba* begeben und dort mehrmals und vergeblich an der Türe geläutet hatte. Eilig hatte ich dann eine Karte geschrieben und sie in den Postkasten geworfen, obwohl ich mir dessen bewußt war, daß die Contessa *gegenwärtig* aller Wahrscheinlichkeit nach aufgehört hatte, in den Postkasten zu schauen. Es war wohl ein Uhr oder vielleicht auch zwei Uhr, als uns der Barbesitzer mit der Hand ein Zeichen gab, uns in den vorderen, bereits dunklen Raum zu begeben und an das Fenster, das zum *Campo* hinausführt, zu treten. Die Contessa überquerte den Platz mit energischen und gleichmäßigen Schritten; dann verloren wir sie für eine Viertelstunde aus den Augen; anscheinend hatte sie eine festgelegte Route für ihren Spaziergang zu nächtlicher Stunde, denn sie kehrte ebensolchen Schrittes über den *Campo* wieder nach Hause zurück. Ich konnte nicht mehr an mich halten, sprang hinaus und verstellte ihr den Weg. Sie schaute mich mit einem farblosen, müden Blick an (wo waren die glühenden Augen geblieben?) und sagte leise: »Das ist ein Mißverständnis, ich kenne Sie nicht und bitte Sie, eine einsame Frau nicht zu belästigen.« Mir verschlug es die Sprache, und ich trat zur Seite.

Nach Aussagen des Barbesitzers war sie völlig allein, verließ morgens das Haus, begab sich in die Akademie und nachts zu einem kurzen Spaziergang. In die Bar kam sie nicht mehr, um hier ihren Morgenkaffee zu trinken. Sie kopierte weiterhin in der Akademie, malte zu Hause (das Licht in ihrem Zimmer brannte die ganze Nacht) und verkaufte nun öfters ihre Reproduktionen, aber weniger als große Kopistin, sondern vielmehr als Heldin des Dramas, das vor einem Jahr hohe Wellen geschlagen hatte. Angeblich fuhr sie sonntags, sehr früh am Morgen und unabhängig vom Wetter, an das Grab ihres Sohnes.

Während ich an dem bisher Geschriebenen feile und korrigiere, werden die autobiographischen Züge meiner Erzählung immer deutlicher. Ist dies nun gut oder nicht? An sich habe ich eine Vorliebe für Erzählungen in der ersten Person, aber üblicherweise kann der in der ersten Person auftretende Erzähler nur gelegentlich und nur mit Bedacht mit dem Autor gleichgesetzt werden. Hier aber treten die autobiographischen Züge keck, hemmungslos und ohne irgendwelche Zügel der Diskretion auf. Warum? Der schriftstellerische Instinkt sagt mir, daß es nicht anders sein kann, aber er ermahnt mich auch, daß dies einer Erklärung bedarf.

In unserem Leben gibt es verschiedene Arten von Ereignissen. Es gibt Ereignisse, die an uns vorbeiziehen, unsere Aufmerksamkeit zwar erregen, aber uns nicht unmittelbar in den Mechanismus ihres Geschehens einbinden, als ob sie nicht genügend Berührungspunkte mit den tieferen Schichten unserer Empfindung hätten. Das ist am einfachsten, der Autor kann, wenn er will, mit seiner Einbildungskraft in den Lauf der Ereignisse »einsteigen«. Des weiteren gibt es ein mittelbares Engagement, bei dem die äußere Distanz ständigen Schwankungen unterliegt und sich immer wieder auflöst, um die Form einer stärker oder schwächer ausgeprägten Teilnahme anzunehmen (man spricht dann von »Einfühlung«). Und schließlich kommt es gelegentlich, wenngleich selten, zu dem Gefühl einer engen Verbindung mit einem Ereignis, das uns in Wirklichkeit recht oberflächlich betrifft; ein eigentümliches und sogar widersinniges Gefühl, daß unser Anteil an dem Ereignis weit höher sei, als es den Anschein habe. In solchen Situationen schwingt die autobiographische Note mit und läßt sich immer stärker vernehmen. Dies ist eben im *Venezianischen Porträt* der Fall.

Im November 1947 kamen wir in England an. Die Demobilisierungspräliminarien und administrativen Prozeduren, die mit der Ansiedlung in einem fremden Land verbunden waren, übergehe ich und wende mich gleich unserem dunklen Zimmer in einem Mietshaus zu, das in der Nähe der U-Bahn-Station Gloucester Road gelegen war. Rückblickend erscheint mir nach so vielen Jahren unser damaliges Zimmer wie ein tiefer Brunnen. Ebendort – und nicht in der späteren, neben einem alten, wunderschönen Park gelegenen Wohnung – wurde ich Opfer venezianischer Träumereien und Gaukelbilder, wenn ich an arbeitsfreien Tagen auf die gegenüberliegende Wand des engen und düsteren Hofes blickte. Wie war das möglich? Wie konnte ich an einem Fleckchen schmutziger Mauer, von welcher der Putz abblätterte, Ansichten von Venedig erkennen oder mir vielmehr vergegenwärtigen? Ich weiß es nicht, aber je mehr unser Leben in dem dunklen Zimmer die Merkmale eines Alptraums annahm, desto häufiger tauchten vor meinen Augen euphorische Trugbilder auf, die rasch wieder verschwanden. Später war dieses Phänomen nicht mehr nur auf unser Mietshaus beschränkt, und es kam vor, daß ich ähnlichen Träumereien in häßlichen und ärmlichen Gassen erlag, die vom gelblichen Licht der Laternen eingehüllt waren.

Unerklärlich war mir, wie ich die Erinnerung an Fragmente der venezianischen Landschaft und an zwei Gesichter – das der Venezianerin und das ihres Sohnes – so lebendig (ja fast möchte ich sagen von Tag zu Tag lebendiger) bewahren konnte.

Dieser einem Windhauch gleiche Fluchtmechanismus aus dem Londoner Schacht in die venezianischen Träumereien hielt fast bis zum Schluß meines fünfjährigen Aufenthaltes an (mit langen Pausen zwar in der neuen Wohnung). Mit dem Wort »fast« ist die halbjährige Zeitspanne des langsamen, aber unaufhaltsamen Versinkens in immer tiefere Tiefen (wie weit war es überhaupt möglich?) unserer Londoner Existenz gemeint. Plötzlich verschwanden alle venezianischen Visionen, und London war nur noch London. Wir glaubten beide, daß es uns nie mehr gelingen werde, aus der immer dichteren Düsternis ans Tageslicht zu gelangen. Nach dem Tod meiner Frau verbrachte ich drei Jahre in München. Nachdem ich erneut geheiratet hatte, ließ ich mich in Italien nieder.

Ein Jahr nach meinem Umzug nach Neapel berichteten alle Zeitungen über die große Lorenzo-Lotto-Ausstellung im Dogenpalast in Venedig; zahlreiche Fachartikel und Reproduktionen sollten auf das Ereignis einstimmen. Die feierliche Eröffnung in Anwesenheit des Präsidenten und der Regierungsmitglieder wurde auf den zweiten Weihnachtsfeiertag des Jahres 1956 festgelegt. Bis zum 1. Mai des darauffolgenden Jahres sollte die Ausstellung geöffnet bleiben. In den Buchhandlungen fand sich Berensons gewichtiges Buch über Lotto. In der Presse wurde über das Geheimnis der recht sonderbaren Termine spekuliert. Venedig wurde im Winter aus verschiedenen

Gründen von ausländischen Touristen gemieden, und dies hatte wohl die Organisatoren dazu bewogen, die Ausstellung zuerst dem italienischen Publikum vorzustellen und sie erst anschließend den Gästen aus aller Welt zu präsentieren. Einer der Journalisten hatte sich, von »dichterischer Freiheit« beflügelt, eine originelle Erklärung einfallen lassen: Lotto, der »geheimnisvolle«, »zu Lebzeiten unterschätzte« und »von seiner Heimatstadt Venedig ignorierte« Künstler, »dessen sich in tiefster Not ein Kloster in Loreto angenommen hatte«, sollte nun, fünf Jahrhunderte später, seine Vaterstadt in »winterlichen Nebelschwaden« betreten. Am häufigsten wurde darüber geschrieben, daß die Größe des Künstlers (»eines hervorragenden Porträtisten«) von seinen Zeitgenossen nicht wahrgenommen worden sei, daß er auf der Suche nach Aufträgen und Einkünften ständig auf Wanderschaft war und dabei oft von Hunger und Einsamkeit gequält wurde. »Venedig schlägt sich an die Brust und senkt das Haupt, die Welt entdeckt einen Meister«, so lautete der Titel eines der Artikel.

Alle Artikel enthielten eine kurze, geheimnisvolle Information: Zierde der Ausstellung werde ein bisher unbekanntes Gemälde Lottos sein, das kürzlich auf dem Speicher eines Hauses in Loreto gefunden worden war, in dem einst, vor Jahrhunderten, der reichste Kaufmann der Stadt, ein *collezionista degli oggetti preziosi*, ein Sammler wertvoller Gegenstände und Wohltäter des Malers, gewohnt hatte. Das Gemälde war 1954 zufällig entdeckt und von dem venezianischen Antiquitätenhändler Marini angekauft worden. Die Gräfin Terzan, eine Kennerin seiner Malerei, hatte es als ein Werk von Lotto identifiziert und restauriert.

Am 20. Dezember kam ich allein nach Venedig, weil sich meine zweite Frau um unser kleines Kind kümmern mußte. Die frühzeitige Ankunft und die Bitte meines Kriegsfreundes, eines Polen, der eine Italienerin geheiratet hatte, den Heiligen Abend bei ihm in Padua zu verbringen, hatten die Schwierigkeiten bei der Suche nach einem Hotelzimmer in Venedig keineswegs gemildert. Alle Hotels waren schon mindestens seit einem Monat ausgebucht. Dank der Pressekampagne war Lotto zum »Kulturereignis des Jahres« aufgestiegen. Im äußersten Falle hätte ich auch für einige Tage die Gastlichkeit meines Freundes in Padua in Anspruch nehmen können, aber mir lag daran, Venedig auch nicht einen Augenblick zu verlassen (abgesehen eben von dem Heiligen Abend in Padua). Obwohl ich kaum mit einem Erfolg rechnete, begab ich mich zum *Ruskin House.* Die alte Engländerin konnte sich an mich und auch an meine erste Frau erinnern, und das Wiedersehen nach etlichen Jahren ging ihr so sehr zu Herzen, daß sie mir sofort das mit alten Möbeln vollgestellte Zimmer gab, dasselbe Zimmer, das wir damals gehabt hatten. Es war erst ab dem Tag der Ausstellungseröffnung für ein Ehepaar aus Bologna reserviert. Ich versprach ihr, daß ich sogleich nach Besichtigung der Ausstellung mit dem Nachtzug nach Neapel zurückkehren und meinen Koffer schon am Vormittag in der Rezeption deponieren würde.

Die Nacht verbrachte ich schlaflos, in eine Decke gehüllt (das *Ruskin House* besaß keine Heizung), am Fenster und starrte unverwandt zur Kuppel der *Giudecca-Kirche*, als ob ich fest daran glaubte, daß der Geist derjenigen, mit der ich vor Jahren ebendiesen Ausschnitt des nächtlichen Venedig betrachtet hatte, sich neben mir niederlassen werde, als ob ich überzeugt wäre, daß die Verstorbenen immateriell wieder aufleben, wenn das Bild, in das sie sich einst vertieft haben, in Bewegungslosigkeit verharrt.

Die Nacht war klar, kühl und windstill. Am Himmel flimmerten blaß die Sterne, und der dunkle Kanal kräuselte sich leicht wie Samt. Kurz vor Morgengrauen fiel unerwartet ein Nebelschleier auf die Stadt nieder, der so dicht und besitzergreifend war, daß Venedig innerhalb einer Viertelstunde darin verschwand und völlig unsichtbar wurde, so unsichtbar, daß einen Zweifel überkamen, ob es eben noch existiert hatte. Schiffssirenen heulten auf, und an den Anlegestellen durchbohrten rasch hervorgeholte Laternen und Fackeln die Nebelwand wie Dolche. Der Nebel hielt sich, abgesehen von seltenen und kurzen Aufhellungen, während der ganzen Zeit meines Aufenthaltes. Aber was für Aufhellungen! Venedig verwandelte sich in eine Reihe frischer und rasch hingeworfener Gemälde. Porträts der Passanten tauchten auf, um sogleich wieder zu verschwinden. Ja, Porträts. Erst jetzt nämlich – gleichsam in Vorbereitung auf die Lotto-Ausstellung – war es uns gegeben, in den menschlichen Gesichtern die angeborene, verräterische Fähigkeit, »für Porträts zu posieren«, zu erkennen. Jeder von uns ist ein lebendiges Porträt, insbesondere wenn er für einen Augenblick aus dem Nebel auftaucht; solche Augenblicke sind die Substanz der großen Porträtisten.

Langsam kroch eine lange Schlange in den Dogenpalast hinein und zog Nebelfetzen wie eine Schleppe hinter sich her in die mit Kassen und Kiosken vollgestellte Eingangshalle. Hinter der Einlaßlinie, die von

Kartenkontrolleuren bewacht wurde, eröffneten sich die Ausstellungsräume. Ich schritt munter voran und warf nur einen kurzen Blick auf die mir von Reproduktionen bekannten Gemälde Lottos. Ich hatte es eilig, »die Zierde der Ausstellung«, »die Sensation« (wie es in den Zeitungen vom Vortage hieß) zu sehen.

Schließlich erspähte ich, ziemlich weit hinten – es war wohl im letzten Saal –, eine beleuchtete Nische, vor der sich halbkreisförmig die Menschen drängten. Dorthin also mußte man gelangen, wenn die Besichtigung der Ausstellung mit dem neuen, bisher unbekannten und wunderbarerweise aufgefundenen Porträt Lottos beginnen sollte.

Die Nische – das konnte ich von ferne erkennen – war mit dunkelrotem oder violettem Stoff, vielleicht Brokat, ausgeschlagen; von beiden Seiten, von oben und von unten waren längliche Lampen, welche die Form stilisierter Kerzen hatten, auf sie gerichtet. Über der oberen Lampe hing eine Tafel mit umfangreichen Erklärungen, die aber auf diese Distanz nicht zu entziffern waren. Ich habe einen allergischen Widerwillen gegen größere Menschenansammlungen, also blieb mir nichts anderes übrig, als abzuwarten. Meine Hoffnungen erwiesen sich als trügerisch: jedesmal, wenn sich der Halbkreis um die Nische etwas lichtete, traten sofort neue Besucher an die Stelle der Weggehenden. Ich mußte, ob ich wollte oder nicht, meine Allergie überwinden und mich der Menschenmenge nähern, wobei ich sorgsam auf plötzlich auftretende Lücken achtete. Endlich konnte ich über die Köpfe und Schultern der in den ersten Reihen stehenden Besucher hinweg einen Blick auf die ganze Nische werfen.

Zuerst sah ich die Contessa. Sie saß in einem Rollstuhl und hatte eine Decke über die Knie gebreitet, welche die Beine bis zu den Füßen bedeckte. Von der Taille aufwärts hatte sich ihre Schönheit unverändert erhalten, nur schien das Gesicht nicht so sehr gealtert als vielmehr von einer Art Wahn überschattet. Ihre Augen glühten wie früher und hatten vielleicht sogar ein lebhafteres, etwas beängstigendes Feuer. »Sie ist gelähmt«, sagte ein vor mir stehender Mann zu seiner Begleiterin, »vier Jahre nach dem gewaltsamen Tod ihres Sohnes verlor sie die Kraft in den Beinen.« Die Fragen derjenigen, die es verstanden hatten, sich bis zu ihr vorzudrängen, beantwortete sie – wie ich hören konnte (es war dieselbe tiefe, weiche Stimme!) – sachlich, ausführlich und, wie mir schien (aber vielleicht nur mir), mit einem gewissen Stolz. Als es mir gelungen war, so weit bis zu ihr vorzudringen, daß sie mich nicht übersehen konnte, streifte ihr Blick kurz mein Gesicht. Danach kehrte sie, ohne das geringste Zucken in ihren edlen Zügen, zur Beantwortung der ihr gestellten Fragen zurück. Ich war absolut sicher, daß sie mich erkannt hatte, aber es nicht zugeben wollte und daß sie dasselbe von mir erwartete.

Mit nicht geringer Anstrengung und Ellenbogenkraft bahnte ich mir einen Weg zu dem Porträt. Es liegt mir daran, billige, dramatische Effekte zu vermeiden, aber da meine Beschreibung möglichst genau sein soll, kann ich den ersten Eindruck nicht übergehen: ich verspürte einen harten Schlag zwischen die Augen, die plötzlich gummiweichen Beine zitterten, ich schnappte nach Luft und wurde rot, als ob mich der heiße Hauch eines offenen Feuers getroffen hätte. Die Komposition des Bildes mit dem Titel *Ritratto d'uomo visto per due lati*, also eines dem Wiener *Dreierporträt* ähnlichen *Doppelporträts*, kannte ich bereits von dem Bild, das ich im Arbeitszimmer der Contessa auf der Staffelei mit einem seidenen venezianischen Schultertuch bedeckt vorgefunden hatte. War es nur die Komposition? Damals, als ich in aller Heimlichkeit das Tuch abgenommen hatte, stand ich vor einem kaum begonnenen, aber bereits deutlich skizzierten Porträt des jungen Sohnes der Malerin im Profil und *en face* in Gestalt eines bezaubernden Cherubs. Jetzt stand ich vor Alvis *Doppelporträt* nach seiner Rückkehr aus dem Krieg; eines Alvi, den ich (und wahrscheinlich nur ich) für einen Sekundenbruchteil durch die Scheibe hindurch gesehen hatte, die das Zimmer von der Treppe trennte. Er wirkte männlich, hart und hatte einen verwegenen und unerschrockenen Blick, aber in diesem Gesicht eines jungen Kondottiere ließ sich kein Ausdruck von Verbissenheit oder Grausamkeit erkennen. Er war ausgesprochen schön (und erinnerte eben an einen frisch geworbenen Kondottiere), wie auch das Doppelporträt ungewöhnlich schön war.

Die Tafel über der Lampe informierte eingehend, wie das Werk gefunden worden war, gab als mutmaßliches Entstehungsdatum (mit einem Fragezeichen) das Jahr 1555 an und erklärte, daß es sich als unmöglich erwiesen hatte, die Identität des Modells festzustellen. Des weiteren war zu lesen, »der schon vollkommen ausgereifte, vielleicht sogar ein wenig überreife Stil von Lottos Parträtkunst« (*pienamente maturo e forse anche un po' stagionato*) weise darauf hin, daß das Werk ein, höchstens zwei Jahre vor dem Tod des Künstlers entstanden sein dürfte. Wie hatte sie sich in diese Kunst vertieft, in die Farbgebung, in die Neigung des Kopfes und der Schultern, sie, die

Contessa! Wie hatte die grenzenlose Liebe zu dem wirklichen Modell *ihre* Kunst beflügelt!

Als ich mich wieder etwas gefaßt hatte, ging ich noch einmal an ihrem Rollstuhl vorbei, ehe ich mich den anderen Sälen der Ausstellung zuwandte. Aber obwohl ich ihren Blick verspürte, sah ich sie nicht an.

Mehrere Jahre verstrichen. Ich kaufte regelmäßig Kunstzeitschriften und konnte darin wiederholt Farbreproduktionen des *Doppelporträts* von Lotto bewundern, die mit gelehrten Kommentaren verschiedener Kunsthistoriker versehen waren und in denen es nebenbei auch nicht an lobenden Worten über die restauratorische Kunstfertigkeit der Giuditta Terzan fehlte. Im Zusammenhang mit dem Ankauf des Gemäldes durch die Akademie in Venedig veröffentlichte die angesehene Vierteljahresschrift *Il Mondo dell' Arte* ein langes Interview mit der Contessa und brachte mehrere Photos von ihr, ihrem Haus und ihrem Arbeitszimmer. Ich bewunderte dieses Interview und konnte mich nicht satt lesen an den geschickten und intelligenten Seiltanzakten der Contessa, ihren fachkundigen Erwägungen über die venezianisch-loretanische Malerei des Meisters, vor allem aber an ihrer Kaltblütigkeit. Ich, der ich – möglicherweise als einziger neben dem venezianischen Antiquitätenhändler Marini – die Wahrheit kannte und das Geheimnis tief im Herzen verborgen hielt, zerbrach mir den Kopf, woher diese gelähmte Frau die Kraft schöpfte, mit dem Feuer zu spielen. Ich hatte keine Zweifel, daß die Fälschung, auch wenn sie hervorragend war und ein bisher verborgenes, großes Kunsttalent plötzlich zutage gefördert hatte, früher oder später aufgedeckt werden würde. Ich sollte recht behalten, auch wenn ich nicht vermutet hätte, daß es so lange dauern würde, nämlich bis zum Jahre 1975. Der Prozeß sollte das Geheimnis der Quelle, aus der die Contessa ihre Kraft und erstaunliche Beherrschung schöpfte, wenngleich nur flüchtig, offenlegen.

Ein erstes Donnergrollen des aufziehenden Sturms ließ sich vernehmen, als ein Kenner der Malerei Lottos im Oktober 1975 in einer großen Tageszeitung einen Artikel unter dem perfiden Titel *La Contessa van Meegeren?* veröffentlichte. Ohne mit dem Finger auf das venezianische *Doppelporträt* zu zeigen und ohne den Namen der Contessa zu erwähnen, schob er ihr den des genialen Fälschers der Gemälde von Vermeer unter (wenngleich mit einem Fragezeichen) und schrieb allgemein über die Gefahr, der hauptsächlich der Pechvogel und Habenichts Lotto ausgesetzt sei, der »seine Meisterwerke überall verstreut hatte und weit davon entfernt war, seine Urheberrechte als Maler auch nur in der elementarsten Weise zu sichern – eine leichte Beute für Nachahmer (was kein Frevel ist) und Fälscher (was ein Verbrechen ist)«. Dieser Artikel eröffnete die Diskussion und forderte die »verehrten Kollegen« zur Teilnahme auf.

Ich weiß nicht, ob Giuditta Terzans Brief an die Zeitung ein Fehler war oder ein kühner und kluger Schachzug. Sie hätte ja schweigen können, da nur ihr Titel ohne den Namen genannt wurde und im Text kein einziges Mal vom *Ritratto d'uomo visto per due lati* die Rede war. Wahrscheinlich glaubte sie, daß sich die Taktik einer sofortigen Klarstellung für sie lohnen würde. »Ich vermute«, schrieb sie in ihrem Brief, »daß Professor Salimbeni, in der Tat ein hervorragender Kenner von Lottos Werk, in seinem Artikel, in dem er aus welchen Gründen auch immer die Form der Verschleierung gewählt hat, an das *Doppelporträt* aus der vielbeachteten Ausstellung in Venedig dachte, das ich restauriert habe. Allein der Schatten einer Unterstellung, oder vielmehr der Schatten eines Schattens, ist für mich Grund genug, um den Spruch einer Expertenkommission, selbstverständlich unter Beteiligung von Professor Salimbeni, zu fordern.«

Salimbeni antwortete sachlich und trocken. Ja, aus verschiedenen Gründen (hier folgt eine leise Anspielung auf die persönliche Tragödie der Contessa) habe er das Thema lieber umschrieben, anstatt den Stier direkt bei den Hörnern zu packen. Durch den Brief der Gräfin Terzan seien ihm nun die Hände nicht mehr gebunden. Er halte das *Doppelporträt* von Lotto tatsächlich für eine sehr gelungene, in gewisser Hinsicht sogar bewunderungswürdige Fälschung. Ohne auch nur einen Augenblick zu zögern, stimme er der Einberufung einer Expertenkommission zu und schlage vor, daß sie aus sechs Personen bestehen solle; er selbst sei zur Teilnahme bereit. Seiner Meinung nach solle diese Kommission vom Gerichtshof einberufen und in seinem Namen tätig werden. Die Akademie könne schließlich als Eigentümerin des Porträts die Gräfin Terzan und den Antiquitätenhändler Marini gerichtlich belangen.

Und so ist es auch geschehen. Bevor es aber vor dem venezianischen Gerichtshof zur Verhandlung kam, hatte sich die sechsköpfige Kommission in zwei Hälften gespalten: drei der Sachverständigen hielten das Porträt für ein authentisches, wiederaufgefundenes Werk von Lotto, und drei sahen darin eine ungewöhnlich gekonnte Fälschung. Während der eine

Woche dauernden Verhandlung änderte sich an den Stimmverhältnissen nichts. Es wäre zu keinem Urteil gekommen, die Contessa und Marini hätten den Gerichtssaal mit (zur Hälfte) erhobenem Kopf verlassen können und das Porträt hätte aus dem Gerichtssaal in die Säle oder in den Keller der Akademie zurückkehren können, wenn die Erklärung der Giuditta Terzan nicht gewesen wäre. Nach dem Prozeß hat man in der Presse Überlegungen angestellt, warum sie diese gemacht hat; ich für meinen Teil muß gestehen, ich war darüber nicht verwundert. Sie hat die Fälschung zugegeben und in allen Einzelheiten erläutert, wie und unter welchen Umständen diese entstanden ist. Dabei hat sie sich die kleine Genugtuung nicht versagt, darauf hinzuweisen, daß sie ja einen halben Sieg davongetragen habe. Auf die Frage, was sie zu der Tat bewogen habe, antwortete sie, es sei die Verlockung des hohen Gewinns gewesen. »Aber nicht nur«, fügte sie hinzu, und ihre sonst ruhige und gleichmäßige Stimme erzitterte leicht, »ich wollte außerdem der Welt für immer und ewig das Bildnis meines verlorenen und über alles geliebten (*amatissimo*) Sohnes hinterlassen.«

Der venezianische Antiquitätenhändler wurde zu fünf Jahren Haft ohne Bewährung verurteilt. Sie erhielt dasselbe Strafmaß, aber mit der Klausel, ihrer Behinderung wegen die Strafe in einer Invalidenvollzugsanstalt in der Nähe des Comer Sees zu verbüßen. Das Porträt wurde vom Gericht als *corpus delicti* beschlagnahmt.

Wir saßen bei geöffnetem Fenster im vierten Stock eines Wohnhauses am Tiber. Die klare Luft erlaubte es, den Blick weit schweifen zu lassen, bis über die

Brücke auf die andere Seite des Flusses zum Denkmal von Gioacchino Belli, dem Großmeister römischer Mundartsonette, der übermäßige Liebesfreuden verspottete und den Gogol sehr verehrte und zu übersetzen versuchte. Das Wohnhaus befand sich außerhalb der Grenzen des alten Ghettos, unweit der Synagoge und bot wohlhabenden Leuten ein Domizil. Mir gegenüber saß Giovanna Olindo, die jüngere Halbschwester der Contessa, deren Mann, ein außerordentlich reicher Bauunternehmer, bereits vor Jahren verstorben war. Sie hatte eine gewisse Ähnlichkeit mit einer alten, gerupften Pute: sie schloß ständig die Augen und preßte aus ihrer dürren Gestalt hin und wieder krächzende oder knarrende, ebenfalls gerupfte Sätze hervor.

Es war nicht einfach gewesen, zu ihr vorzudringen. Ich erlaubte mir eine kleine Lüge (»mit Ihrer Schwester verband mich etwas mehr als nur eine flüchtige Kriegsbekanntschaft«), die ich hiermit beichte und für die ich mir zugleich die Absolution erteile: ich sah keine andere Möglichkeit, um den einzigen Menschen, der mir etwas über das weitere Schicksal der Contessa nach dem Urteil und bis zu ihrem Tod erzählen konnte, zu einem Treffen zu überreden.

Giudi (sie nannte sie bei ihrem familiären Kosenamen) hat das volle Strafmaß in der Invalidenvollzugsanstalt abgebüßt; sie war apathisch, wie geistig abwesend und zu keinerlei Beschäftigung fähig, nicht einmal zur Beschäftigung mit den ihr von der Schwester mitgebrachten Malutensilien. Von ihrer Schwester erwartete sie lediglich die Finanzierung der Anwälte, die sich ununterbrochen um die Wiedererlangung des vom Gericht beschlagnahmten Gemäldes bemühten. Alle Versuche erwiesen sich jedoch als vergeblich; offensichtlich befürchtete das Gericht eine erneute Verwendung der Fälschung. Die ständigen Absagen riefen bei Giudi einen schweren Nervenzusammenbruch hervor. Als sie ihre Strafe abgebüßt hatte, wurde sie auf Kosten der Schwester in eine Nervenheilanstalt im Aostatal eingewiesen. Dort verbrachte sie acht Jahre, »zu Lebzeiten tot« – wie Giovanna Olindo sagte. Aus der völligen Apathie riß sie erst der Bescheid des Gerichtes über die Rückgabe des Gemäldes heraus. Sie lebte wieder auf. Sofort kehrte sie nach Venedig zurück, in ihr verschlossenes und seit Jahren verwahrlostes Häuschen. Die Schwester kam für ihren Lebensunterhalt auf und fand auch eine ständige Betreuerin für sie, eine eingefleischte alte Jungfer und entfernte Verwandte ihrer Mutter. Mehrere Jahre, bis zu ihrem Tod an Herzversagen, verbrachte die Contessa dort und bewachte argwöhnisch und immerfort kampfbereit ihren Schatz.

Die Intuition hat mich also nicht getrogen. In gewisser Hinsicht war diese Geschichte wirklich eine moderne Version der *Aspern Papers,* der venezianischen Erzählung von Henry James, bis hin zu einer solchen Nebenfigur wie der Verwandten der Contessa, einer Entsprechung der altjüngferlichen Tita, der Nichte von Miss Bordereau.

Wir gingen zum Tee in das Nachbarzimmer. An der Wand, zu der die Sonne nie vordringt, hing unter einem kleinen Kreuz das *Doppelporträt* der Giuditta van Meegeren. Ich konnte mich so lange davon nicht losreißen, daß mich Frau Olindo mit vorwurfsvoller Stimme an den bereits eingeschenkten Tee erinnern mußte. Das venezianische Porträt war in der Tat ein Meisterwerk. Wer weiß, ob Lotto etwas Ähnliches hätte malen können. Der Contessa ist es in ihrer Fälschung gelungen, zwei edle, unbeugsame, faszinierend schöne Gesichter des Bösen zu malen.

(Juni 1993)

Antonio Tabucchi

Hoppe hoppe Reiter

Das war der Augenblick, darüber nachzudenken, es war genau der richtige Augenblick, darüber nachzudenken, außerdem hatte sie gar nichts anderes zu tun, als darüber nachzudenken. Der Wartesaal war menschenleer. Es war ein schmuckloser Raum mit Bänken und einem alten Tisch. Aber wenigstens warm war es. Sie ging hinein und stellte ihren kleinen Koffer auf den Tisch. Also über ihre Geschichte nachdenken. Was hätte sie geschrieben, wenn sie ihre Geschichte hätte niederschreiben sollen? Sie lächelte sich im Spiegel zu, der neben einer Streckenkarte der Bahn hing. Du bist nicht alt, sagte sie zu sich, du bist noch nicht alt. Sie hob einen Finger und ermahnte sich in Gedanken. Aber jung bist du auch nicht mehr, du bist kein junges Mädchen mehr. Sie lächelte sich noch einmal zu. Sie dachte: Du bist eine Frau mit einer Geschichte. Aber wie sah diese Geschichte aus? Was hätte sie geschrieben, wenn sie ihre Geschichte hätte niederschreiben sollen? Womit anfangen, das war das Problem. Wo beginnt eine Geschichte? Sie dachte, Geschichten beginnen nicht, Geschichten ereignen sich und haben keinen Anfang. Oder zumindest ist dieser Anfang unsichtbar, ungreifbar, weil er bereits zu einem anderen Anfang, einer anderen Geschichte gehört, und der Anfang ist nur die Fortsetzung eines anderen Anfangs. Aber irgendwo muß man beginnen, und sie sagte sich, daß sie bei Edoardo beginnen würde. Ja, mit Edoardo hatte etwas begonnen, es war aber auch etwas zu Ende gegangen. Mit ihm war die Jugend, die Naivität, eine schrecklich kindliche Art, mit der sie bis dahin dem Leben begegnet war, zu Ende gegangen. Edoardo, *le beau ténébreux*. Gutaussehend, intelligent, dominierend, selbstsicher: Mit dem Hochmut dessen, der die Menschen auf den ersten Blick durchschaut, im Bewußtsein der eigenen Intelligenz, hatte er sie zu seiner Schülerin erkoren. Sie waren jung damals, und ihr erschien es ganz normal, die Schülerin von jemandem zu sein; deshalb hatte sie zugesagt, seine »kleine Sklavin« zu sein, für das Buch zu recherchieren, das alle von ihm erwarteten. Und wenn sie daran zurückdachte, war es beinahe schön gewesen. Sie lebten damals in einer kleinen Stadt, durch die sich ein Fluß schlängelte, einer sanften, ruhigen Stadt, und sie liebte es, morgens mit dem Rad entlang der Alleen am Fluß zu fahren, um dann in die engen, feuchten Gäßchen des mittelalterlichen Zentrums einzubiegen. An der Universitätsbibliothek angelangt, betrat sie den Innenhof. Die Bibliothek befand sich in einem großen Raum mit hohen Spitzbogenfenstern, und mit dem Bibliothekar war sie sehr gut bekannt, sie nannte ihn vertraulich Herrn Jacopino, er war ein umständlicher alter Mann, der eine schwarze Hausjacke trug, Hier sind die Bücher, die Sie gestern bestellt haben, Fräulein, sagte Herr Jacopino, und sie machte sich an die Arbeit. Sie wußte ganz genau, was Edoardo brauchte: Sie exzerpierte, und die Zeit verging wie im Flug. Schon senkte sich die Dämmerung auf die Stadt, und die Lichter gingen an. Sie erhob sich von ihrem Tischchen und trat ans Fenster. Verträumt betrachtete sie die Bäume am Flußufer und die Dächer des historischen Stadtzentrums. Vielleicht war sie glücklich. Am Abend kehrte sie voller Begeisterung nach Hause zurück. Edoardo wartete im Wohnzimmer auf sie, er sah zufrieden aus, Heute habe ich den ganzen Tag geschrieben, sagte er, du bist ein wunderbares Mädchen, du weißt ganz genau, was ich brauche, mit dem Buch geht es hervorragend voran, mir fehlen nur noch drei Kapitel, dann ist es fertig. Und sie spürte einen Stich im Herzen. Was sollte sie danach tun? Ihr ganzes einfaches Leben bestand darin, für Edoardo bibliographische Quellen zu suchen, die Tage in der Bibliothek zu verbringen, mit Herrn Jacopino zu plaudern, darin bestand ihr Leben, das einer unbedeutenden und glücklichen Schülerin, während Edoardo sie mit spöttischen, wenn auch zärtlichen Augen ansah, er verbrachte seine Tage in den Cafés am Flußufer, dort schrieb er sein Buch, und am Abend war er freundlich und zu Streichen aufgelegt, denn mit Scherzen und Streichen kannte er sich aus, auch ihr spielte er hin und wieder einen harmlosen Streich, legte ihr zum Beispiel ein Kärtchen auf den Tisch, auf dem »Ich komme nicht wieder« stand, oder er versteckte sich in der Speisekammer, um dann mit furchterregendem Geheul herauszustürzen und zu fragen, War das nicht ein lustiger Streich? Und sie lachte dann nur, um ihm einen Gefallen zu tun. Edoardo bestand darauf, daß er derjenige war, der sich mit Scherzen auskannte, immerhin schrieb er ein Buch über den Scherz in der Barockliteratur: Anagramme, Kryptogramme, Polysemien, Mnemoniken, Paranomasien; das war sein Forschungsbereich. Das Spiel, vielmehr das Spielerische, entsprach seinem Wesen, und mit diesem Buch würde er den Posten an der Universität bekommen, er brauchte nur noch etwas zu warten, bis dahin unterstützte sie Edoardos Vater mit einer monatlichen Überweisung, auch Edoardos Vater war ein spielerischer Mensch, auch er hatte seine Freude an Streichen, wenn er zu Besuch kam und zum Mittagessen blieb, ließ er sich immer einen kleinen Streich einfallen, und sie tat, als hätte sie Spaß daran, er setzte sich zum Beispiel auf die Serviette und sagte, der Tisch sei nicht ordentlich gedeckt, und sie spielte mit und bat verlegen um Entschuldigung, hielt sich die Hand vor den Mund, als ob sie errötete, und da zog er dann triumphierend die Serviette hervor, und sie rief: »Ach, Papa!«

Was ein wirklicher Streich war, das wußte Edoardo allerdings nicht. Sie war es, die ihm dann eines Tages einen richtigen spielte. Wenn sie daran zurückdachte, konnte sie sich gar nicht mehr vorstellen, wie es hatte passieren können. Sagen wir, es war ein Impuls, dem sie nicht widerstehen konnte. Es war ein schöner Frühlingstag, sie fuhr mit dem Rad durch die Alleen am Fluß, die Natur erwachte, die Cafés waren voller Leute. Plötzlich verspürte sie den Wunsch, Edoardo zu sehen, mit ihm spazierenzugehen, den Vormittag mit ihm in einem schönen Café im Freien zu verbringen und sich über belanglose Dinge zu unterhalten. Zuerst wollte sie ihn anrufen, doch dann kam ihr das kindisch vor. Also radelte sie schnell nach Hause, sie trat fest in die Pedale, mit roten Wangen und glücklich wie ein Kind. Sie lief die Treppe hinauf. Edoardo, Edoardo, rief sie. Die Wohnung war leer. Sie ging ratlos durch die Zimmer und wußte nicht, was das zu bedeuten hatte. Dann fand sie das Kärtchen auf dem Schreibtisch. »Das Buch ist fertig. Bin erschöpft. Ich fahre zu meinem Vater. Komme morgen zurück.« Mit knappen, unpersönlichen Worten teilte Edoardo ihr also mit, daß er das Buch zu Ende gebracht hatte. Zu Ende. Und mit dem Buch, dachte sie, waren auch ihre Tage in der Bibliothek zu Ende, ihre Recherchen, ihre Plauderstündchen mit Herrn Jacopino, das Leben, das sie fast zwei Jahre lang geführt hatte. Sie empfand eine große Trauer wegen all dem, was jetzt schon Vergangenheit war, und auch eine ungeheure Leere. Und jetzt, was sollte sie jetzt tun? Was sollte sie mit ihrem Leben, mit ihrer Zeit anfangen, was für einen Sinn hatten ihre Tage? Es war ein Impuls. Sie nahm das Manuskript und blätterte darin. Edoardo schrieb gut, er verstand es, die notwendigen Verbindungen herzustellen, er war gebildet und besaß einen systematischen und präzisen Verstand. Aber dieses Buch hatte nicht Edoardo geschrieben, es gehörte ihr, es war aus unendlich vielen Momenten entstanden, aus Recherchen, Exzerpten, aus Tagen, die sie in der Bibliothek verbracht hatte, aus Fahrradfahrten. Dieses Buch enthielt ihre Jugend, das spürte sie. Sie steckte das Manuskript in die Tasche. Das war der Impuls. Auf dem Schreibtisch ließ sie nur die erste Seite liegen, mit dem Titel und Edoardos Namen, und eilig fügte sie mit Rotstift hinzu: »Für Edoardo, im Scherz.« Dann traf sie in aller Ruhe ihre Vorkehrungen. Sie zog sich um, packte den Koffer, studierte den Fahrplan der Züge, entschied sich für eine ferne Stadt im Norden, denn inzwischen brauchte sie eine große Stadt, die Zeit der kleinen Städte, der Spaziergänge am Flußufer, der Freuden der Provinz war vorbei: Das alles gehörte zu ihrer Jugend, und die war nun vorbei.

Sie fühlte sich wohl in der großen Stadt im Norden. Und die Veröffentlichung des Buches war von Nutzen, sie fand schnell eine Wohnung, und eine große Wochenzeitschrift übertrug ihr die Betreuung einer Bücherkolumne. Sie hielt es für richtig, sich vor allem mit jenen Büchern zu beschäftigen, die zu ihrem Spezialgebiet gehörten, für das sie inzwischen allgemein bekannt war, und ihr Spezialgebiet waren Scherze. Alle Arten von Scherzen: Wortspiele, Phantastisches, Grotesken, expressionistische Romane, Sprachschöpfungen, kurz und gut, Neobarock. Und wie es der Zufall wollte, waren jene Jahre reich an solchen literarischen Experimenten. Vielleicht war es eine Mode, vielleicht hatten die Schriftsteller tatsächlich ihren Hang zur avantgardistischen Spielerei entdeckt, jedenfalls blühten die formalen Erfindungen, die literarischen Versuche, all das, was sich als »experimentelle Literatur« bezeichnete. Es begann eine Zeit der Abenteuer. Denn das, worauf es ankam, war das Abenteuer, die Bücher waren im Grunde unwichtig. Wichtig war es, jenen euphorischen, beinahe fiebernden Augenblick zu suchen, in dem alles explodierte, die Welt, die Gesellschaft, die Konventionen, und diesen Augenblick zu erleben. Und genauso explodierten die Worte, auch die Worte waren frenetisch und fiebernd. Damals wurde Céline entdeckt. Und diese Entdeckung verstörte sie. Céline landete zufällig in ihrer Kolumne, in Form einer schlichten Rezension, und von da an war nichts mehr wie vorher. Mit ihm begriff sie, daß die Bücher doch wichtig waren: Céline war eine Mine, die unter den Füßen der braven Bürger explodierte, ein enormer Knall, eine leidenschaftliche Explosion, die alles in Frage stellte: die Ordnung, die Gesellschaft, die Gefühle. Nach der Lektüre von Céline wußte sie, daß nichts mehr so sein konnte wie in der Vergangenheit.

Ach, die Vergangenheit, dachte sie, ich habe die Vergangenheit und die Vorzeichen satt, das alles gehört meiner Vorgeschichte an, es ist nicht der Anfang meiner Geschichte, und wenn ich sie niederschreiben müßte, würde ich niemals damit beginnen.

Sie hatte das Bedürfnis, etwas zu trinken, plötzlich brauchte sie dringend etwas. Etwas Starkes, das ihr Auftrieb gab, das sie wärmte. Sie verließ den Wartesaal in der Hoffnung, daß es eine Bar gäbe, bisher hatte sie nicht darauf geachtet. Der kleine Bahnhof war menschenleer. Ganz hinten, neben dem Eingang, sah sie eine Tür, über der das Schild eines Tabakladens in rosarotem Neonlicht hing, und sie ging darauf zu, in der Hoffnung, daß es dort nicht nur Zigaretten, sondern auch alkoholische Getränke gäbe.

Der Laden sah nicht so sehr aus wie eine Bar, sondern eher wie ein Ausschank, aber zur Not genügte es. Der Kellner, ein Junge mit einem von Akne verwüsteten Gesicht, vertrieb sich die Zeit am Flipperautomaten. Das Lokal war leer, nur ein älterer Herr mit einer Tasche saß an einem Tisch. Sie hätte gern einen Gin Tonic getrunken, aber der Junge sagte, er habe kein Tonic, nur Mineralwasser. Also ließ sie sich einen großen Whisky geben und trank ihn wie Medizin, sie wartete dabei auf die Wirkung, die ausblieb, denn ihr war nach wie vor eiskalt. Doch sie stellte fest, daß diese Kälte von innen kam, und das beunruhigte sie, flößte ihr eine eigenartige Angst ein. Aus den Augenwinkeln beobachtete sie den älteren Herrn, der zum Zeichen seines Respekts den Hut lüftete. »Sieht aus, als ob es Probleme gäbe«, sagte der ältere Herr mit halb geheimnisvollem, halb resigniertem Ausdruck. Sie sah ihn fragend an.

»Der Bahnhofsvorsteher hat es mir gesagt«, erklärte der ältere Herr. »Der Zug ist aufgehalten worden, es scheint einen Unfall oder etwas Ähnliches gegeben zu haben.« Und er lächelte wehmütig.

Sie bezahlte und ging hinaus. Der Abend senkte sich herab und mit dem Abend der Nebel. Die Lampen waren von einem bläulichen Hof umgeben. O Gott, warum hatte sie bloß den Zug genommen? Eine dreistündige Reise, zweimal umsteigen und jetzt noch diese letzte Etappe auf einer Nebenlinie. Hätte sie es erlaubt, wäre sie mit dem Auto abgeholt worden; es wäre eine ruhige und bequeme Reise gewesen, aber sie hatte abgelehnt und gesagt, sie fahre lieber mit dem Zug. Wie dumm. Nur weil sie gefürchtet hatte, ihre Begleiter könnten sie auf der Fahrt nach ihren Überzeugungen fragen oder *Giovinezza* oder andere erinnerungsträchtige Lieder singen. Sie schalt sich, naiv zu sein. Die Vorstellung, die sie sich von ihnen machte, entsprach einem Klischee, das überhaupt nicht zutraf, es waren tatkräftige, ernsthafte, gutgekleidete junge Leute, die nichts mit dem faschistischen Gesindel zu tun hatten, es waren intelligente und wache junge Rechte, die die Kultur der Rechten neu entdecken wollten. Sie trat an die Gleise und zündete sich eine Zigarette an. Sie versuchte, sich eine andere Situation vorzustellen, und ein kalter Schauer lief ihr über den Rücken; sie sah ein mit einer italienischen Fahne und ein paar Wimpeln geschmücktes Parteilokal, ein Publikum, das aus reizbaren alten Männern und alten Frauen mit gepuderten Gesichtern bestand, dazwischen ein paar fanatische Jugendliche: Solche Orte kannte sie bereits. Sie schloß die Augen, und mit einiger Anstrengung gelang es ihr, das Bild wieder zum Verschwinden zu bringen. So würde es nicht sein, dessen war sie sich sicher. Es war ein Jugendclub, kein Schlupfwinkel Ewiggestriger, es waren neugierige und leidenschaftlich engagierte Jugendliche. Die Vorstellung beruhigte sie. Diese Vorstellung, sagte sie sich, paßt gut zu meiner Geschichte. Merkwürdig, der Gedanke kehrte immer wieder, als ob er sie verhören, sie bedrängen würde. Ihre Geschichte. Nein, ihre Geschichte hatte nicht mit Edoardo begonnen, sie war mit ihm nur zu Ende gegangen. Wo hätte sie jedoch begonnen, wenn sie sich diese Geschichte hätte erzählen müssen? Sie begann an den Gleisen entlangzugehen. Es ist ein schöner Winterabend, sagte sie sich, ein wenig neblig, der Zug hat Verspätung, man erwartet dich in einem kleinen Städtchen, wo du einen Vortrag halten sollst, du bist allein, du hast Zeit, niemand sucht dich, das ist genau der richtige Augenblick, dir deine Geschichte zu erzählen. Sie zündete sich noch eine Zigarette an, behielt sie im Mund und steckte die Hände in die Manteltaschen. Allerdings hatte sie gar keine Lust, sich diese Geschichte zu erzählen. Sie spürte aufs neue die unangenehme Empfindung von Kälte: etwas Eiskaltes in ihrem Magen, das in Arme und Beine ausstrahlte. Du bist dumm, sagte sie sich, du bist wirklich ganz schön dumm, weißt du denn nicht mehr, daß du als Kind Schauspielerin werden wolltest? Merkwürdig, wie schnell man die Jugendträume vergißt. Aber jetzt erinnerte sie sich daran, und im Grunde war ihr Schicksal in Erfüllung gegangen, sie war eine große Schauspielerin gewesen, ihr ganzes Leben lang hatte sie eine einzige Komödie gespielt. Oder eine einzige Tragödie, vielleicht sollte sie es lieber als Tragödie bezeichnen. Aber nein, eine gewaltige Farce. Sie lächelte in die Dunkelheit hinein und sagte: Eine gewaltige Farce. Eines dieser altmodischen Theaterstücke, in denen es nur Gute und Böse gab, eine derbe, wenn auch gewandt gespielte Komödie, eine schöne Komödie mit dem Titel *Der Streich*. Ja, so hätte sie sie genannt, das wäre genau der richtige Titel gewesen, wenn sie ihre Geschichte hätte niederschreiben müssen: *Der Streich*. Auch wenn der Streich, den sie Edoardo gespielt hatte, wahrscheinlich ihr erster gewesen war, begann ihre Geschichte nicht damit, mehr als ein Streich war dies ein Akt der Bewußtwerdung gewesen. Nein, die wahren Streiche waren danach gekommen. Und das waren schwerwiegende Streiche, solche, die wirklich zählten. Ihre Kolumne in der Wochenzeitschrift zum Beispiel, das war ein echter Streich. Die ganzen Schwarten, die sie als Meisterwerke ausgegeben hatte, das sinnlose Gestammel, das Gefasel, das sie abgesegnet, zu dessen Verbreitung sie beigetragen, das sie hochgejubelt hatte. Und dann war Beniamino gekommen. Der arme Beniamino! So kindlich, so unbedarft, so sehr davon überzeugt, ein Schriftsteller zu sein, so verliebt in die Worte, mit einem so unerschöpflichen Vertrauen in die Literatur. Denn Beniamino hatte sie wirklich geliebt, mit ihm war es nicht wie mit Edoardo und den anderen gewesen, ihm gegenüber hatte sie ein starkes, reifes Gefühl der Verantwortung empfunden. Ihn hatte sie geliebt, und seinetwegen hatte sie gelitten, als sie ihm diesen Streich gespielt hatte. Vielleicht auch wegen seines Sprachfehlers, es mochte komisch wirken, aber so war es nun einmal, gerade weil er stotterte, weil er über die Worte stolperte. Ein expressionistischer Schriftsteller, der über die Worte stolperte, es schien paradox, aber Beniamino war nun mal so, vor allem wenn er sich aufregte, dann blieb er bei der ersten Silbe stecken, sein Hals zuckte nervös, der Adamsapfel hüpfte auf und ab, und es gab kein Mittel, das wieder abzustellen. Sie sah ihn vor sich, an jenem Abend, an dem sie ihm mitteilte, daß sie das Angebot angenommen hatte. Beniamino wollte dazu sofort etwas sagen, aber seine Stimme kippte, er riß die Augen auf, er sah aus wie ein staunendes Kind. Hör mir zu, Beniamino, sagte sie geduldig zu ihm, mit der Avantgarde ist es vorbei, mit jeder Art von Avantgarde ist es vorbei, du wolltest mit deinen Büchern die Revolution machen, aber mit Büchern macht man keine Revolution, schau, es ist alles vorbei, mit der Bewegung ist es vorbei, mit den Studenten ist es vorbei, schau dich um, da sind nur noch ein paar Desperados, wir bewegen uns in die falsche Richtung, ich ändere nur die Richtung, und außerdem war Céline nie einer der Unsrigen, er ist es nie gewesen, wir haben ihn rekrutiert, aber er war in Wirklichkeit ein Rechter, warum soll ich das nicht sagen, ich sage nur die Wahrheit, wie dem auch sei, ich habe zugesagt, das Vorwort zu schreiben, aber nicht wegen des Geldes, mag sein, daß es ein infames Buch ist, aber die infamsten Dinge hat er selbst geschrieben, wir, wir haben sie immer verdrängt, verzeih mir, ich bin nun mal so, versuch mich zu verstehen.

Sie nahm noch eine Zigarette aus dem Päckchen. Du rauchst zuviel, sagte sie sich. Aber sie wollte rauchen, sie hatte das Gefühl, daß das Rauchen den Eisblock in ihrem Magen zum Schmelzen brachte. Sie sagte sich, daß das ein schlimmer Streich gewesen war, aber sie hatte ihn nicht nur Beniamino gespielt. Nein, auch sich selbst. Und im Grunde auch Céline, denn sie war weiter gegangen als Céline, sie hatte ihm ein Etikett aufgeklebt, hatte ihn bei seinen Schwächen und bei seinen Ressentiments ertappt, sie hatte ihn reduziert, domestiziert, einer Idee angepaßt. Denk nicht mehr daran, sagte sie sich, hör jetzt auf mit deiner Geschichte, du langweilst mich. Sie hatte ihren Koffer im Wartesaal stehengelassen. Mit schleppenden Schritten ging sie dorthin zurück, als ob dieser Wartesaal eine Art Schicksal wäre und nichts mehr zählte. Ja, und was war es denn, was zählte? Das fragte sie sich, sie gab dem leeren Zigarettenpäckchen einen Fußtritt und fragte sich: Was zählt eigentlich? Ein kindliches, spöttisches Stimmchen, das aus der Kälte in ihrem Magen kam, sagte: Kinder zählen. Und einen Augenblick lang sah sie sich selbst als kleines Mädchen, als Kind mit dunklen Zöpfen, an einem Sommertag im Garten, unter einer Pergola, jemand wiegte sie in den Armen, streichelte ihr die Haare, aber es gelang ihr nicht, das Bild ganz scharf zu stellen. Ich hätte immer gern ein Kind gehabt, sagte sie sich, warum habe ich nie eines haben wollen?

An der Tür zum Wartesaal unterhielt sich der ältere Herr, den sie in der Bar getroffen hatte, mit dem Bahnhofsvorsteher. »Wir haben ein großes Problem, gnädige Frau«, sagte der Bahnhofsvorsteher mit bedauernder Miene, »ich weiß wirklich nicht, was ich Ihnen sagen soll«, und ging weg. Sie sah den älteren Herrn fragend an, und er breitete resigniert die Arme aus. »Es gibt irgendeinen Schaden an der Strecke«, sagte er, »anscheinend sind sie dabei, ihn zu beheben, aber es ist eine Nebenlinie, sie werden mindestens zwei Stunden brauchen.« Er sah sie an und lächelte verschwörerisch. »Ich habe Sie erkannt«, flüsterte er, »ich habe Ihr Photo auf dem Plakat in der Stadt gesehen, Sie sind die, die den Vortrag hält.« Dann wurde er ernst und sagte: »Der Titel gefällt mir nicht, er verspricht nichts Gutes.« Seine Stimme nahm einen beinahe geringschätzigen Tonfall an, oder zumindest kam es ihr so vor. »Unser Kamerad Céline«, fügte der ältere Herr hinzu und verzog ein wenig das Gesicht, »ich dachte, diese Dinge gehörten endgültig der Vergangenheit an.«

»Für den Titel bin ich nicht verantwortlich«, antwortete sie beinahe heftig. Sie ging auf ihren Koffer zu und hob ihn mit einem energischen Griff auf. »Hören Sie«, sagte sie dann, »nutzen wir die Zeit, wir müssen zwei Stunden warten, vielleicht könnten wir in ein Restaurant gehen und etwas essen.« Insgeheim spürte sie, daß sie eine flehentliche Bitte ausgesprochen hatte, aber dem älteren Herrn war es vielleicht nicht aufgefallen.

Ja, nun ging es ihr besser, sie fühlte sich ausgeglichener, gelassener, und sie spürte, daß die Gesellschaft des älteren, wohlerzogenen Herrn sie beruhigte. Es war schön und angenehm, in diesem altmodischen, gemütlichen Restaurant zu sitzen, in dem der Kellner geduldig auf ihre Bestellung wartete.

Du mußt verhindern, daß er wieder darauf zu sprechen kommt, sagte sie sich, und für kurze Zeit gelang es ihr auch, fast nur sie redete, sie redete vom Wetter, von Reisen, von Zügen, von einer Reise, die sie nie unternommen hatte und die sie bis ins kleinste Detail schilderte. Aber als sie kurz innehielt, fing er doch wieder damit an. Er stellte sich mit Vor- und Nachnamen vor und fügte hinzu: »Entschuldigen Sie, wenn ich vorhin unhöflich war, gnädige Frau.«

»Aber Sie waren doch gar nicht unhöflich«, antwortete sie in der Hoffnung, daß die Angelegenheit damit erledigt wäre.

»Doch«, beharrte er, »ich war unhöflich, aber um ehrlich zu sein, ich mag die Faschisten nicht.«

»Was das angeht, da brauchen Sie sich keine Sorgen zu machen«, unterbrach sie ihn, »ich mag sie auch nicht.« Sie beobachtete aufmerksam, was für einen Ausdruck ihre Bemerkung auf seinem Gesicht hervorrief. Es war ein Ausdruck kindlichen Staunens, und dieser Ausdruck kindlichen Staunens wirkte merkwürdig auf dem Gesicht eines älteren Mannes, machte ihn verletzlich und wehrlos.

»Das verstehe ich nicht«, erwiderte er ernsthaft.

Auch sie hatte das Gefühl, daß sie ernsthaft sein sollte, und eigentlich war sie es ja auch, jetzt spürte sie es ganz deutlich; mit einer Ernsthaftigkeit, die der Umgebung und ihrem distinguierten Gegenüber entsprach, spürte sie, daß sie die Wahrheit gesagt hatte, denn dies war die Wahrheit, *ihre* tief verborgene Wahrheit, die sie wahrscheinlich nie jemandem würde erklären können. »Ich glaube nicht, daß Sie das verstehen«, sagte sie mit fester Stimme, »glauben Sie mir.«

Und nun wechselte er taktvoll das Thema. Er erzählte zuerst von der kleinen Stadt, zu der sie unterwegs war, und dann begann er unweigerlich, allerdings nach wie vor taktvoll und zurückhaltend, von sich selbst und seinem Leben zu sprechen. Wie gern sie ihm zuhörte! Sie verspürte aufs neue dieses wohlige, entspannte Gefühl. Es war schön, einem Mann zuzuhören, der zu ihr sprach; während sie dieser tröstlichen Stimme zuhörte, konnte sie an etwas anderes denken, einen Augenblick lang in die Ferne schweifen und ihm dann wieder zuhören und dann wieder abschweifen, denn das Leben, von dem er erzählte, war banal und vorhersehbar. Er war Witwer, das hatte sie sich gedacht, wer weiß, wieso. Und er war pensioniert, auch das hatte sie sich gedacht. Er war Lateinlehrer an einem Gymnasium in der kleinen Stadt in der Nähe gewesen, wo jetzt seine Tochter mit ihrem Mann und zwei Kindern lebte. Er hingegen wohnte inzwischen hier, in diesem Nest, fünfzig Kilometer von der kleinen Stadt entfernt, er hatte sich hierher zurückgezogen, weil er nicht bei seiner Tochter und dem Schwiegersohn wohnen wollte, er besaß ein kleines Haus, das seinen Eltern gehört und in dem er seine Jugend verbracht hatte, doch er konnte problemlos seine Tochter besuchen, die Bahnverbindung war gut, zumindest wenn keine Zwischenfälle wie heute passierten, auch heute abend war er zu seiner Tochter unterwegs, aber er hatte ihr schon mitgeteilt, daß der Zug Verspätung hatte, er hatte sie angerufen. Und dann erzählte er von seiner Frau, von einem glücklichen Leben, sie war vor vier Jahren gestorben, er fühlte sich sehr allein. Er sprach von der Einsamkeit, von einem grauen, trostlosen Leben in dieser dumpfen Provinz, von der Langeweile, der Melancholie. Seine einzige Gesellschaft waren die lateinischen Klassiker. Und außerdem hatte er eine Katze. Als wäre er sich plötzlich bewußt geworden, daß er laut nachgedacht hatte, sah er erschrocken auf die Uhr. »Wir müssen gehen«, sagte er, »sonst verpassen wir den Zug.«

In diesem Augenblick kam ihr die Idee. Sie hätte nicht sagen können, warum, vielleicht weil es hier warm und gemütlich war oder weil es draußen dunkel war oder weil er mit dieser ruhigen Stimme auf sie einsprach, die sie als so tröstlich empfand. »Zu diesem Restaurant gehört auch ein Hotel«, sagte sie, »bleiben wir doch hier.«

Aufs neue beobachtete sie aufmerksam, wie sich das Staunen auf seinem Gesicht ausbreitete, wieder war es diese kindliche, wehrlose Verwunderung, sie sah ihm in die Augen, und er wich ihrem Blick aus und sah sich im Saal um, als würde er sich vor etwas fürchten, als hätte sie jemand hören können, dann hüstelte er und stotterte: »Und warum gerade ich?«

»Weil wir beide allein sind«, antwortete sie, »auch deshalb.«

»Und Ihr Vortrag?«

»Das wird sich ergeben.«

»Aber Sie werden erwartet.«

»Sagen wir, ich spiele ihnen einen Streich.«

»Aber man kennt mich hier«, fuhr er fort, »ich meine, ich möchte nicht ...«

»Wir können ja zwei Zimmer nehmen«, unterbrach sie ihn, »dann kann niemand etwas sagen.«

Er lächelte wehmütig und berührte ihre Hand leicht mit der seinen. »Aber ich bin alt«, flüsterte er.

»Richtig alt?« fragte sie.

»Nein«, sagte er, »vielleicht nicht, ich weiß es nicht.«

Warum, fragte sie sich, warum? Nur weil es draußen dunkel war und sie Angst vor der Dunkelheit hatte oder weil sie diese eisige Kälte im Magen nicht wieder spüren wollte, die sie in einem Schraubstock gefangengehalten hatte? Er war ein alter Mann, ein trauriger und müder Mann, der sich vielleicht an ihrer Schulter ausweinen und ihr von seiner verstorbenen Frau erzählen würde. Oder gab es noch einen geheimnisvollen anderen Grund, einen Grund, der sich irgendwo in der Tiefe ihres Wesens verbarg, in einem Bereich, zu dem weder ihr Verstand noch ihr

Wille Zugang hatte, den sie sorgsam verschlossen hielt und zu dem sie den Schlüssel verloren hatte? Sie betrachtete sich im Spiegel des Schrankes. Das Zimmer war einfach und ziemlich ungemütlich. Sie legte ihr Köfferchen auf einen Stuhl und zog sich langsam aus, das Kleid faltete sie dabei sorgfältig zusammen. Er klopfte an die Wand, das war das vereinbarte Zeichen, aber sie gab keine Antwort, weil sie spürte, daß sie noch etwas Zeit brauchte. Vielleicht würde ihr eine heiße Dusche guttun. Aber im Bad gab es keine Dusche. Sie öffnete die Wasserhähne der Badewanne und ließ sie vollaufen. Als sie voll war, hatte sie einen absurden Einfall, komisch, sie verspürte den Wunsch, sich mit einem Papierschiffchen in die Wanne zu setzen, seit einer Ewigkeit hatte sie kein Papierschiffchen mehr gebastelt, aber sie wußte noch, wie man es machte. Sie überlegte, welches Papier sie verwenden konnte. Sie blickte sich um, entdeckte jedoch nichts Brauchbares. Da fiel ihr das Buch von Céline ein. Sie öffnete den Koffer und nahm es an sich. Sie riß die letzte Seite des Vorworts heraus, die, auf der ihr Vor- und Nachname standen. So, in ein Papierschiffchen verwandelt, schien es ihr, als ob die Seite zu neuem Leben erwachte. Sie stieg ins Wasser und ließ das Schiffchen über ihre Brüste gleiten, dann trieb es ruhig auf dem Wasser. Sie trocknete sich sorgfältig ab und schlüpfte ins Bett. Jetzt hätte sie an die Wand klopfen können, sie wollte aber noch etwas Zeit verstreichen lassen. Sie hatte Lust, irgend etwas laut zu sagen, um sich sprechen zu hören. Sie hatte Lust, sich einen Kinderreim vorzusagen, und sie begann an die Kinderreime zu denken, die ihr irgend jemand vorgesungen hatte, als sie noch ein Kind war. Sie nahm ein Kissen in die Arme und wiegte es. »Hoppe hoppe Reiter, wenn er fällt, dann schreit er, fällt er in den Graben, fressen ihn die Raben ...« Nein, das waren nicht die Worte, die sie sich vorsagen wollte, eigentlich wollte sie sich etwas anderes vorsagen, aber sie wußte nicht, was. Sie hörte, daß es an der Tür klopfte, und zog sich das Laken bis zum Kinn. Er kam herein, schüchtern, um Erlaubnis bittend, sperrte die Tür zu und lächelte. Man merkte ihm an, daß er verlegen war. Mitten im Zimmer blieb er stehen und sah sie befangen lächelnd an, ohne sich zu bewegen. Sie zog das Laken ein Stück hinunter und entblößte die Brust. Er wandte rasch den Blick ab, durchquerte das Zimmer und blieb zwischen Schrank und Stuhl stehen, wo er sich auszuziehen begann. Er drehte ihr den Rücken zu, so daß sie ihn beobachten konnte, ohne von ihm gesehen zu werden. Sie spürte, daß sie ihn nicht beobachten wollte, aber irgend etwas hielt sie davon ab, den Blick abzuwenden. Es war ihr unangenehm, ihn zu betrachten, und gleichzeitig fühlte sie sich von dem Anblick angezogen. Er war ein kräftiger Mann mit einem großen, schlaffen Bauch. Sie bemerkte, daß er auf einer Gesäßbacke einen großen Leberfleck hatte, einen dunklen, behaarten Fleck; das ließ sie erschaudern, und sie spürte ein Kribbeln in den Händen, wie bei einem kleinen Stromschlag. Sie fragte sich, ob es Ekel war oder eine andere Empfindung, aber sie hatte keine Lust, länger darüber nachzudenken. Er schlüpfte ins Bett und machte das Licht aus. Es war sehr schwierig, und sie versuchte ihm zu helfen. »Ich habe dir ja gesagt, daß ich ein alter Mann bin«, sagte er. Er keuchte, und sein Atem ging schwer. Sie spürte, daß sie sich ablenken, daß sie weit weg flüchten mußte, daß sie nicht an den Alten denken durfte, der sich auf ihr abmühte, sie dachte an das Papierschiffchen in der Badewanne, und das tröstete sie.

Er war eingeschlafen wie ein Kind und blies ihr friedlich seinen Atem zwischen die Haare. Sie streckte eine Hand aus und machte das Licht auf dem Nachtkästchen an. Jetzt war ihr eingefallen, welchen Kinderreim sie sich vorsagen wollte, aber es war kein Reim, sondern ein Gebet. Sie schlüpfte aus dem Bett und kniete auf dem Teppich nieder. Sie faltete die Hände und stützte die Ellbogen auf das Bett. Es war ein Gebet, das aus einer weit zurückliegenden Zeit stammte, aus der Vergangenheit eines kleinen Mädchens mit großen Augen und dunklen Zöpfchen. »Schutzengel mein, der du mein Beschützer bist, bewache und bewahre mich …« Weiter kam sie nicht, sie erinnerte sich nicht mehr. Sie wendete den Kopf und betrachtete sich im Spiegel des Schrankes. Und da sah sie ihn. Es war ein kleiner Schutzengel, der hinter einer nackten knienden Frau stand und zum Zeichen, daß er sie beschützte, die Flügel weit ausgebreitet hatte. Und dieser Engel hatte das Gesicht eines kleinen Mädchens mit großen Augen und dunklen Zöpfchen. Aber es war das Gesicht eines alten Mädchens, und die Flügel waren nicht aus Federn, sondern aus einem dunklen, glatten Fell wie dem einer Maus. Es dauerte nur einen Augenblick. Sie versteckte den Kopf in den Händen und blickte wieder in den Spiegel: Der Engel war verschwunden.

Zuerst merkte sie gar nicht, daß sie weinte, sie spürte nur die Tränen, die ihr übers Gesicht liefen. Dann kam das Schluchzen, sie versuchte es mit der Hand zu ersticken, aber vergebens. Er wachte auf und sah sie an. Auf seinem Gesicht erschien wieder dieser gewohnte Ausdruck kindlicher Verwunderung. »Was hast du?« fragte er sie leise. »Was hast du?«

»Geh bitte in dein Zimmer«, antwortete sie und versuchte das Schluchzen zu unterdrücken, »geh in dein Zimmer.«

Aleksandar Tišma

Die wir lieben

Katarina führt ein neues Mädchen namens Beba ein. Zuerst hat sie Beba an ihre Bekannten vermittelt: den Akquisiteur Balázs, einen alten Junggesellen, und den kleinen, stark behaarten Bautechniker Mijušković, der kürzlich seine Frau aus dem Haus gejagt hat. Weil sie sonst von niemandem weiß, der es sich erlauben kann, seinem Vergnügen zu Hause nachzugehen, und weil sie selbst keinen freien Wohnraum besitzt, hat sie Beba als ihren Schützling bei Miluška untergebracht.

Beba ist nicht nur neu in der Stadt, sondern auch im Metier, und daher besonders geschätzt, so daß um ihren weiteren Einsatz ungewöhnliche Nervosität herrscht, die nicht frei ist von weiblicher und professioneller Heuchelei. Katarina informiert ihre Freunde im Flüsterton über Bebas Existenz und gegen ein Trinkgeld auch darüber, wo sie zu finden ist, nur sollen sie Miluška um keinen Preis verraten, wer sie geschickt hat, sondern so tun, als wäre es ein zufälliger Besuch, bei dem sie dem Mädchen begegnen. Und sie sollen nicht verlangen, Beba gleich dort zu besitzen, vielmehr, wenn sie ihnen gefällt, ihr, Katarina, Bescheid sagen, damit sie ein Treffen an passendem Ort arrangiert. All das deshalb, weil jetzt auch Miluška ein Recht auf Beba beansprucht, die ihr so unverhofft ins Haus geschneit ist, Katarina jedoch nicht gewillt ist, auf ihren Anteil als Kupplerin zu verzichten.

In Miluškas Hausmeisterwohnung im Souterrain, wo grüner Schimmel von den Wänden rieselt, hocken um den Küchenherd, auf dem das Essen schmort und ein riesiger Waschkessel brodelt, die drei Hausfrauen: Miluškas rheumatische und halbtaube Mutter, Miluška selbst, schnurrbärtig wie ein Kaminfeger und mit dem bläulichen Teint der Alkoholikerin, und ihre magere, seit Monaten an Tuberkulose leidende jüngere Schwester. Sie alle haben ihren Dienst an der käuflichen Liebe geleistet, sind aber mit zunehmendem Alter tugendhaft geworden. Sie sitzen fast schweigend da und sehen Beba eifersüchtig an: in ihrer Behendigkeit und Frische erblickt jede einen Spiegel der einstigen eigenen Anziehungskraft und die Möglichkeit, deren Verlust wenigstens finanziell wettzumachen.

Beba ist zwanzig Jahre alt und rundlich; sie hat ein ovales, weißes Gesicht mit rosigen Wangen und das stille Lächeln einer Frau vom Lande. Die unweit gelegene Stadt Bečej und ihren Mann, einen Heizer, hat sie wegen eines bildhübschen Beamten aus dem Stadtkomitee verlassen und ist mit ihm nach Novi Sad geflohen. Sie sind im Hotel »Vojvodina« abgestiegen, aber nach einer Woche verschwand er und hinterließ ihr nur die Nachricht, er müsse nach Bečej zurück, da seine Mutter erkrankt sei. Beba konnte nicht zurück, sie blieb, weinend. Im Hotelrestaurant, wo sie mühsam das Geld für das erste einsame Frühstück zusammenklaubte, lernte sie Katarina kennen, der sie sich anvertraute und anheimgab. Die zwei Nächte mit den schamlosen fremden Männern, an die Katarina sie verkuppelt hatte, brannten sie wie ein Feuer, aus dem sie sich durch den Umzug in Miluškas schimmlige Küche befreite. Aber auch hier ist ihr alles zuwider: die Wohnung ist unsauber, die drei Frauen bewachen jeden ihrer Schritte, sie darf sich nicht in Ruhe waschen, an die frische Luft gehen – weil ihr angeblich ihr Mann auflauern könnte –; und so wartet sie auf die erste Gelegenheit, zu entwischen.

Bislang ist sie den häufig wechselnden Gästen dieses schon längst nicht mehr attraktiven Hauses ausgeliefert. Stolz und mißtrauisch zugleich öffnet ihnen Miluška die Tür, bietet ihnen Platz auf den Schemeln um den Herd an und macht sie mit Beba bekannt, die sie sinnloserweise als Schulfreundin ihrer Schwester vorstellt. Das sich anspinnende Gespräch ist dürftig – es umgeht ebendas, weshalb sie hier versammelt sind. Die Alte beklagt sich über Schmerzen in den Beinen, Miluška über die Teuerung, die jüngere Schwester des langen und breiten über die Chefs in der Fabrik, weil sie ihr keine leichtere Arbeit geben wollen. Erst wenn der Gast einen Tausender zückt und darum bittet, daß aus der Nachbarschaft Wein geholt wird, und wenn alle ein, zwei Glas getrunken haben, fällt die Starre von ihnen ab wie ein schwerer Mantel. Leidenschaftlich, gestikulierend, hochrot im Gesicht und mit schweren dicken Lippen zieht Miluška in Gegenwart des Gastes über Beba her, über jene Unruhe, die sie in ihr ahnt und als Hindernis für die Verwirklichung des eigenen Traums vom Wohlstand fürchtet. Jetzt ist Beba nicht mehr die Schulfreundin der Schwester – diese Lüge verfliegt im Gespräch zusammen mit dem Mißtrauen –, sie ist eine betrogene, sitzengelassene Frau, aber leider eine Frau, die sich nichts sagen läßt, als habe sie aus ihren Erfahrungen nicht genug gelernt. Die Erfahrung jedoch zeigt, daß die Welt heute verdorben ist und die Männer egoistisch sind; das Glück liegt nicht in Schwärmerei und Vergnügen, davon kann man nicht leben, denn das Leben ist teuer; Beba ißt, verbraucht Bettwäsche und Heizmaterial; das Glück ist vielmehr in der Sicherheit bei einem Mann, der etwas zu schätzen und zu belohnen weiß. Dabei starrt Miluška den Gast aus rotgeränderten Augen an, um zu prüfen, ob er begreift, und als sie glaubt, er habe begriffen, schickt sie Beba barsch nach nebenan unter dem Vorwand, sie solle die Familienfotos holen, und flüstert ihm hastig ins Ohr, er könne, wenn er nur wolle, die Zuneigung der jungen Frau gewinnen, falls er sich mit ihr, Miluška, einige, die sich um Beba kümmere und die Verantwortung für sie trage. Ausgeschlossen, mit Beba einfach so, für ein bißchen Geld ins Bett zu gehen, das wäre Verrat an ihrem unschuldigen Wesen. Der Mann, der sie haben wolle, müsse sich zu einem festen monatlichen Unterhalt verpflichten, damit auch Miluškas Kosten gedeckt würden. Beba sei hübsch und unverbraucht, der Gast möge sie nur richtig anschauen, sie sei es wert. Er möge darüber nachdenken.

Der Gast indes denkt nicht hierüber nach, sondern über Katarinas geschäftliches Angebot. Als Beba mit den Fotos zurückkommt, mustert er diese nur flüchtig und macht der jungen Frau Zeichen mit den Augen. Er bittet sie, ihn hinauszubegleiten, und Miluška ist zu berauscht vom Wein, um die List zu durchschauen und einzuschreiten. Die beiden durchqueren schweigend den dunklen Kellerflur, in dem die Holzstapel Modergeruch verbreiten; erst auf den Stufen zum Haustor wechseln sie gedämpft ein paar Sätze. Der Gast erwähnt Katarina; Beba senkt den Blick unter fast schmerzlich gerunzelten Brauen. Sie möchte nicht sofort versprechen, daß und wann sie sich davonstehlen kann, weil das von Miluška's Laune abhängt und weil sie selbst nicht sicher ist, ob sie klug handelt. Aber der Gast mahnt zur Eile: es könnte jemand das Haus betreten oder Miluška aus ihrer Wohnung kommen; er haucht sie mit heißem Atem an und verheißt doppelte Belohnung. Darauf wirft ihm Beba einen forschenden und sehnsüchtigen Blick zu – ihre Zusage – und reicht ihm die Hand: nur die feuchten Finger, so wie es Dorffrauen tun.

Langarmig und langbeinig, mit fiebrig glänzenden, schrägen grünen Augen, stürzt sich Envera in die Umarmung wie ein junger Krieger in die Schlacht. Bei der ersten Berührung des Mannes zuckt sie zusammen und breitet sich hin, den Kopf zurückgeworfen, den fleckigen, sehnigen Hals mit dem blauen Venengeflecht von der Grube zwischen den Schlüsselbeinen bis zum spitzen Kinn entblößt. Sie ist nicht schön, aber die Männer mögen sie; bei Paula, wo sie seit einem Jahr verkehrte, verlangten sie hartnäckig nach einem Wiedersehen mit ihr, als wüßten sie, daß sie bald und für längere Zeit verschwinden würde. Auf die Nachricht, sie sei nicht mehr da, reagierten sie dann ebenso entschlossen, sogar mit einer widerstrebenden Erleichterung, die sich auf die Ursache bezog: Enveras fortgeschrittene Schwangerschaft. So wurde ihnen nachträglich klar, woran sie sich in ihrer Unwissenheit begeistert hatten: an der ungewöhnlichen Fülle ihrer Hüften, den vortretenden blauen Venen auf Brüsten und Hals, ihrer Exaltation bei der Hingabe. Übrigens hatten sie bald das hämische Vergnügen, ihrer einstigen Favoritin in der Stadt zu begegnen, wo sie keuchend einen Kinderwagen aus zweiter Hand schob, der ebenso abgenutzt war wie sie selbst, und in ihrer Begleitung einem baumlangen Unteroffizier, in dem sie ihren Ehemann vermuteten.

Er war es tatsächlich, und so nahm Gestalt an, was Paula berichtet und der Klatsch der Mädchen ergänzt hatte: Enveras Gleichgültigkeit gegenüber dem Wachstum des Fetus, der schon an die Bauchdecke geklopft haben mußte, als die dicken Handelsreisenden sich darüber wälzten. Unrichtig war nur die zeitliche Verknüpfung zwischen der natürlichen Notwendigkeit und Enveras Verschwinden, das erst später und ohne Hast erfolgt wäre, hätte es nicht ein unvorhergesehenes Ereignis gegeben. Die Wahrheit wußte außer Envera und Paula nur noch ein Mädchen, das den Blicken der Gäste zusammen mit Envera entschwand, ohne jedoch Aufmerksamkeit zu erregen.

Dieses andere Mädchen war Kaja, eine junge, kräftige Brünette vom Land, die durch ihre Übersiedlung zu Schwester und Schwager (einem Elektriker) nach Novi Sad, wo sie Arbeit in einer Bürstenmachergenossenschaft aufnahm, in Enveras Nachbarschaft geraten war. Noch vor Envera erfuhr sie von Paulas Haus und fühlte sich dort heimisch wie eine Ente im Tümpel; die Kontakte mit Männern taten ihrem gesunden Körper wohl, sie begann unmäßig zu essen und wurde schnell dick, und ein unwiderstehliches Schlafbedürfnis überfiel sie häufig wie ein Kind im zerwühlten Bett von Paulas Zimmer, das der Liebhaber eben verlassen hatte. Bald vernachlässigte sie die Arbeit in der Genossenschaft, und da die neue Verdienstmöglichkeit ihre Kosten deckte, konnte sie die Schwester über den Wechsel der Täigkeit im unklaren lassen; dafür vertraute sie sich der Nachbarin Envera an, weil sie fühlte, daß diese ihr zustimmen würde, was sich denn auch bestätigte.

Kaja ging morgens aus dem Haus, scheinbar zur Arbeit in der Genossenschaft; in Wirklichkeit wartete sie an der Ecke beim Brunnen auf Envera, um sie zum Einkauf auf den Markt zu begleiten, wonach sich beide mit den vollen Netzen zu Paula begaben, die unabhängige Kaja für den ganzen Vormittag oder den ganzen Tag, Envera für ein, zwei nervöse Stunden, die sie unbemerkt von ihren häuslichen Verpflichtungen abzweigen konnte. Auf dem Markt kam es auch zu der fatalen Bekanntschaft mit zwei Aufkäufern, die, in Mänteln und mit Aktentaschen, vor der Öffnungszeit der Agenturen auf ihrem Rundgang durch die Büfetts hierhergeraten waren. Sie kamen mit den Mädchen ins Gespräch, das bald offen wurde, und da Kaja von Herzen über ihre Angebote lachte, während Envera finster, doch ohne ein Widerwort zu Boden blickte, blieben sie den beiden Frauen auf den Fersen und betraten zusammen mit ihnen Paulas Mansarde.

Es kam auch sonst vor, daß die Mädchen einen fremden Gast zu Paula brachten; sie verließ sich so weit auf ihre Menschenkenntnis, um einen Neuen ohne vorherige Befragung zu empfangen und aufgrund ihres Eindrucks seine Vertrauenswürdigkeit einzuschätzen. Mit diesen ungebetenen Gästen indes geriet sie schon nach den ersten Worten in der Küche aneinander: die Aufkäufer verlangten, gemeinsam, zu viert, ins Zimmer gelassen zu werden, wovon Paula nichts hören wollte, denn sie war auf einen solchen Wunsch nicht vorbereitet und fürchtete, ihr einziges Bett könnte darunter leiden. Die vom Trinken und dem so nahen Ziel ihres Begehrens erhitzten Gäste beteuerten vergeblich, sie forderten nichts Ungewöhnliches, sondern wollten nur zusammenbleiben, und dem Bett könne nichts geschehen, weil sie sich abwechseln würden – gerade ihre Beharrlichkeit und vielleicht mehr noch die unausgesprochene Zustimmung der kichernden Kaja und der mürrisch schweigenden Envera forderten Paulas Trotz heraus. Sie sagte unwiderruflich nein und zieh die Aufkäufer der Geschmacklosigkeit, worauf sich der Jüngere wortlos umdrehte und wegging.

Die Auseinandersetzung wurde jetzt zweistimmig fortgeführt, was der beredten Paula die Sache erleichterte: sie ging zur Offensive der Rührseligkeit über, erläuterte dem Gast ihre schwierige materielle Lage, die sie zwinge, hin und wieder etwas Gesetzwidriges zu tun, aber ihr Gefühl für Ehre und Anstand nicht erschüttern könne; es sah bereits nach einer gütlichen Einigung aus, als der jüngere Aufkäufer atemlos die Treppe herauf und in die Küche gestürmt kam, gefolgt von einem Milizionär, den er in seinem Rachedurst von der Straße geholt hatte, um das ihm feindlich gesonnene Nest der Unmoral auszuräumen.

Paula warf sich dem Milizionär schreiend an die Brust und wies unter Tränen die noch nicht ausgesprochene Beschuldigung zurück, was den Gesetzeshüter, einen rund- und rotwangigen Burschen, nicht hinderte, die Ausweise der drei Frauen zu verlangen und, nachdem er sich geduldig aus Paulas Umarmung gelöst hatte, ihre Personalien in sein abgegriffenes Notizbuch zu schreiben. Darauf ging er, höflich salutierend, und nach ihm flüchteten nun schon reuevoll die beiden Aufkäufer.

Paula machte ihrer Verzweiflung Luft: sie beschimpfte die Mädchen und jagte sie hinaus. Letzteres nicht für lange, denn schon am selben Abend lauerte sie ihnen vor ihren Wohnungen auf, nahm sie zu sich mit und vereinbarte mit ihnen in einem langen Gespräch voller Klagen und Rechtfertigungen eine gemeinsame Verteidigungsstrategie: alle drei sollten, falls offiziell zur Verantwortung gezogen, aussagen, daß Envera und Kaja als Freundinnen zu ihrer Freundin Paula unterwegs gewesen und von den betrunkenen Aufkäufern bis in die Wohnung verfolgt worden seien, zu deren Verlassen man sie vergebens aufgefordert habe, bis der rettende Arm des Gesetzes erschien.

Und das war nützlich, denn als eine gute Woche später Paula, Kaja und Envera zum selben Tag, aber zu verschiedenen Stunden vor Gericht geladen wurden, machten sie bis ins letzte Detail identische Aussagen, und dem nicht mehr jungen, müden, entnervten Richter war es recht, daß er sich mangels Beweisen und in Abwesenheit eines Klägers mit ein paar strengen Worten weitere Auseinandersetzungen ersparen konnte. Die unangenehme Sache fand also ein mehr oder weniger glückliches Ende. Aber sie hatte zu viele Ängste verursacht und zu viele Verletzungen hinterlassen, als daß sie folgenlos hätte bleiben können: nachdem die drei Frauen in dem kleinen Park vor dem Gebäude der Abteilung Inneres aufeinander gewartet und den Ablauf der Vernehmungen durchgesprochen hatten, gingen sie angewidert auseinander. Paula schwor sich, keine der beiden mehr über ihre Schwelle zu lassen; Kaja, die sich die Gefahren der neuen Arbeit bewußtgemacht und längst jede Lust auf die alte verloren hatte, kehrte zu ihrer Mutter aufs Dorf zurück; Envera verzog sich reuig in ihre Pflichten als Schwangere und künftige Mutter.

Aber seitdem ist ein ganzes, für Envera ziemlich schlechtes Jahr vergangen: bei der Entbindung hat man sie schneiden müssen, vom Stillen hat sie eine Brustentzündung bekommen, und noch heute, da das Kind sieben Monate alt ist, frißt ein leichtes, aber beständiges Fieber an ihr. Sie ist abgemagert, erschöpft, mittellos, und auf dem Rückweg vom Markt schaut sie wieder bei Paula vorbei, und Paula, die Böses schnell vergißt, empfängt die einstige Hausfreundin ohne Furcht wie alle anderen.

Auch jetzt gehen übrigens die Gäste gern mit Envera ins Bett, sie ist noch immer anziehend, wenn auch auf eine neue, aber ihr eigene, aggressive Weise. Sie ist ernster geworden, ihre unberechenbare Begierde hat den Elan der künftigen Mutterschaft verloren; ihr Feuer ist gedrosselt, verbirgt sich in dem Fieber, das sie von innen verbrennt. In Paulas Küche steht sie ungeduldig, an die Wand gelehnt; umgeben vom müßigen Geschwätz der lässig am Tisch sitzenden Gäste und Mädchen, zieht sie gierig an der Zigarette und sprüht zornige Blicke aus den schrägen, glänzenden Augen. Zu Hause weint das sicher schon hungrige Kind, und die Zutaten für das Mittagessen liegen frisch im offenen Netz neben ihren mageren, kalten Beinen. Wenn einer der Gäste, verlockt von der rätselhaften Unruhe in ihrem Verhalten, Envera ins Zimmer bittet, löst sie sich mit einem Ruck von der Wand und folgt ihm hastig, wie ein Verurteilter, der das Warten nicht mehr ertragen kann.

Wenn in Paulas Haus das Chaos herrscht, so ist das von Tante Ruža ein Hort der Ordnung. Einer altertümlichen Ordnung mit festumrissenem franzjosephinischem Gepräge, das in Novi Sad alles Zivile auszeichnet, natürlich mit augenzwinkerndem Zugeständnis an den kleinstädtischen Geschmack.

Diese Ordnung gründet auf einem beiderseits nützlichen Abkommen mit dem dickbäuchigen Gendarmeriefeldwebel und schöpft, obwohl es keine Gendarmerie mehr gibt und kein Abkommen, weil die Behörden das Geschäft mit Zärtlichkeiten unzweideutig verbieten, noch immer aus der Vergangenheit die Kraft zum Überleben.

Wer Tante Ruža zu ihren vormittäglichen Sprechstunden aufsucht, kann und muß in diese anmutige Ordnung eintauchen. Er geht an der Kavalleriekaserne mit ihrer gelbgetünchten, einstöckigen Fassade vorbei, hinter deren vergitterten Fenstern geschorene Soldatenköpfe lauern und vor deren eisernem Tor ein Posten geschäftig auf und ab marschiert; er biegt ein in die stille, lange Smiljanić-Straße mit ihren halb dörflichen, ebenerdigen Häusern im Schatten der Kastanien, mit dem zwischen runden türkischen Pflastersteinen sprießenden Gras, dem die Räder der wenigen Molkerei- und Müllwagen nichts anhaben können. Er taucht zehnmal in den Schatten der dichtbelaubten Kronen, und wenn er zum letztenmal ins Licht tritt, stößt er ein massives, morsches Holztor auf, das sich mit dumpfem Paukenschlag hinter ihm schließt. Er bleibt im Halbdunkel eines gewölbten Flurs stehen und sucht blinzelnd nach der einzigen, nämlich Tante Ružas Tür, in der, schon alarmiert durch das Knarren des Tors und die Schritte, eine hochgewachsene Hexe erscheint, mit der unvermeidlichen Hakennase, zahnlosem Mund und mißtrauischen, scharfen Augen unter dichten Brauen.

Wenn sie allein ist, bittet Tante Ruža den Gast mit gebogenem, knochigem Zeigefinger in die kleine, nur durch den Türspalt erleuchtete, also dunkle Küche, wo auf dem Herd ein würzig duftendes, gutes Essen kocht; wenn er für diesen Tag ein Mädchen bestellt hat, wird er aus der Küche sogleich in das mit Teppichen, Vorhängen und Stickereien aus Tante Ružas Mädchenjahren geschmückte Zimmer geführt, wo der Gegenstand seines Begehrens schon demütig auf der Ottomane am Fußende der sorgfältig gemachten Ehebetten sitzt. Hier ist nun das Reich der Liebe: hier zwischen den alten, aber gepflegten Gegenständen einer Kleinbürgerin, hier, wo vom Nachmittag bis zum nächsten Morgen der Ehemann residieren wird, ein sauberer, schöner Greis, Gemeindeschreiber und heimlicher Trinker, für den Tante Ruža kocht, wäscht und bügelt und mit dem sie am Nachmittag, in einen schwarzen Mantel mit billigem Pelz und enge, hochhackige Schuhe gezwängt, Arm in Arm zum Kino oder Korso schreiten wird.

Aber der Vormittag ist die Zeit ihres zweiten Lebens, auf das sie sich eingelassen hat, um das erste zu erhalten – weil der Mann sein Gehalt seit langem gänzlich vertrinkt –, das ihr aber während eines Jahrzehnts in Fleisch und Blut übergegangen ist wie ihm das Bedürfnis nach Alkohol. In diesem zweiten Leben verneigt sie sich, lächelt, macht Männer mit Frauen bekannt, tritt lautlos ans Fenster, um die Gardine zu schließen, breitet ein Laken über die Ottomane und wirft eine Decke darüber, und als sie im Gesicht des Mannes das Blitzen von Zufriedenheit und Ungeduld erblickt, kehrt sie an ihre Kochtöpfe zurück. Sobald das Paar signalisiert, daß das Rendezvous beendet ist, bringt sie ihm eine Schüssel mit Wasser und ein Handtuch, und beim Öffnen der Tür steht sie daneben, empfängt das Trinkgeld, bedankt sich und kontrolliert im Torgang, ob jemand kommt, bis zuerst der Gast und nach ihm das Mädchen verschwunden sind.

Zwischen zwei Begegnungen läuft sie manchmal, während das Essen auf kleiner Flamme köchelt, in die Nachbarschaft zu einer jungen Frau, die sich über ihren verschwenderischen Mann beklagt hat, zu einer sitzengelassenen Frau oder einem Mädchen, von deren Mittellosigkeit sie gehört hat. In aller Eile und scheinheilig hört sie ihnen zu, bedauert sie, tröstet sie mit der Aussicht auf leichten Verdienst und lädt sie schließlich zum Treffen mit einem Gast ein, dem sie sie vorab geschildert und versprochen hat.

Mit Beba ist es Miluška ergangen wie einem Fischer, dem ein zu großer Fisch ins zerrissene Netz gegangen ist. Sie kann sie nicht halten. Beba ist zu dem Techniker Mijušković gezogen, der geschickter und wohlhabender war als Miluška und von der gierigen Katarina unterstützt wurde.

Beba hat ihm schon beim erstenmal gefallen, als er der zweite in der Reihe ihrer zahlenden Liebhaber wurde: statt sich geschäftsmäßig hinzugeben, wie er es von anderen Mädchen gewohnt war, hatte sie verwirrt seinen fetten Arm gestreichelt und ihn gebeten, sie nicht ganz auszuziehen. Aber die Leidenschaft entflammte in ihm erst, als er Katarina aufforderte, ihm das Mädchen wieder zu schicken, und erfuhr, daß die verschüchterte Novizin eine Unterkunft und dort vielleicht schon einen anderen gefunden hatte.

Er eilte zu Miluška, die er gut kannte, aber schon lange nicht mehr besuchte; saß keuchend und verschwitzt in der schimmligen Küche; sagte, er habe Beba liebgewonnen und schickte nach Wein; er ließ die Belehrungen über die Pflichten eines Liebhabers über sich ergehen und widerstand der Versuchung, Miluška als Vermittlerin und Gastgeberin für die Fortsetzung der Liaison zu engagieren. Jetzt, da er die Heißbegehrte aufgespürt hatte, wollte er sie ausschließlich für sich haben, in der Sicherheit, daß sie ihn nicht betrog. Sie sollte fort aus diesem Kreis suspekter Frauen, aus der feuchten, verräucherten Kellerwohnung, aus dem Gestank nach Armut und lüsternem Interesse, weil ihm das auf einmal unzuträglich für ihre Gesundheit und Unschuld erschien. Er gab vor, nachdenken zu wollen, und als Beba ihn allein zur Tür brachte, teilte er ihr halblaut seine wahren Absichten mit, nannte die monatliche Unterhaltssumme, ein ganzes kleines Gehalt, forderte, sie solle vierundzwanzig Stunden ehrbar auf ihn warten und dann ohne Zögern seinem Ruf folgen. Dann rannte er wieder zu Katarina, drückte ihr Geld in die Hand, sie erinnerte sich an eine vertrauenswürdige Alte, die in der Nähe des Bahnhofs ein Zimmer vermietete, und als Mijušković insistierte, brachte sie ihn gleich hin, damit er eine Anzahlung leistete. Tags darauf erschien sie mit honigsüßem Lächeln bei Miluška, bat Beba, sie zum Einkaufen zu begleiten, befahl ihr aber heimlich, während des Umkleidens im Zimmer ihre Sachen zu packen und das Köfferchen aus dem Fenster zu schieben. Dort nahmen sie es auf und schlichen sich für immer aus dem Haus, wie Diebinnen.

Natürlich ist Miluška verzweifelt und beleidigt. In ihrem Schock wegen des großen Verlustes sieht sie plötzlich die Not, in die sie mit dem Altern unmerklich geraten ist. Noch gestern hatte sie sich für attraktiv gehalten: sie und ihre Schwester empfingen an Markttagen den Besuch von Männern aus der Umgebung, die an die beiden Frauen gewöhnt waren, und das Zimmer jenseits der Küche, wo sie regelmäßig Staub wischte und lüftete, damit man die Feuchtigkeit weniger spürte, nahm von Zeit zu Zeit auch ein Paar auf, das keine Bleibe besaß. Im Ansturm auf Beba jedoch, in ihrem Stolz auf die Rolle der Beschützerin und in ihrer Angst um die Chancen, die aus dieser Rolle erwuchsen, hatte sie die Gewohnheitsgäste allmählich abgewiesen. Und diese fanden sich nur allzuleicht ab. Sie blieben weg, so daß auch jetzt, wo Beba nicht mehr da ist, fast nur noch *deren* Verehrer zu Miluška kommen – jene, die noch nicht wissen, daß sie fortgegangen war, oder sich in ihrer Betrübnis über diese Tatsache durch die Erinnerung noch mehr quälen wollen.

In ihnen besitzt Miluška eine ständige Ermahnung an den Verlust, aber auch ungewollte Tröster. Während sie mitleidig nicken, schildert sie ihnen die ganze Ungerechtigkeit von Bebas Tat: Ist sie, Miluška, ihr nicht wie eine gute ältere Schwester gewesen, die sie vor der Straße bewahrt und für einen ihrer Jugend würdigen Mann gehütet hat (natürlich immer denjenigen, der gerade zuhört)? Hat sie nicht Tausende Dinar ausgegeben, für Heizung und Kost und Logis? Und so wird es ihr gedankt! Ohne ein Wort der Erklärung oder Entschuldigung, von Anerkennung ganz zu schweigen, ohne Bitte um Erlaubnis oder wenigstens einen Rat sich unter einem verlogenen Vorwand hinauszustehlen, angestiftet von einer unbehausten Kupplerin wie Katarina!

Aber Gott wird es nicht zulassen, beteuert Miluška mit verkniffenem schnurrbärtigem Mund. Sie kennt viele solche; nach ein paar Tagen, wenn sie ihren Irrtum eingesehen haben, kommen sie reumütig zurück, bitten um Verzeihung, bitten wieder um die Möglichkeit, wenigstens ein bißchen Geld zu verdienen, für Essen und Kleidung. Auch auf Beba wird sie nicht lange warten müssen, behauptet sie.

Erwärmt durch Miluškas Hoffnung, die sie gern selber teilen würden, lassen die Gäste Wein aus der Nachbarschaft holen. Sie trinken mit den Schwestern, hören ihre Flüche und Beschwörungen, wiederholen sie in drohendem Ton, bis die Flasche leer ist. Aber die Flamme, die sie aus ihr gesogen haben, entzündet sich nicht hier an den Frauen, die dageblieben und nicht untreu geworden sind, vielmehr weckt sie in ihnen die Sehnsucht nach der Abtrünnigen. Nach der neuen, aufgefrischten Erinnerung an sie wird ihnen übel bei der Vorstellung, ihre vom Wein geschwollenen Lippen auf Miluškas schnurrbärtigen Mund zu legen oder ihre magere, gelbe, schwindsüchtige Schwester zu umarmen. Sie verabschieden sich schnell und gehen, fliehen fast wie Diebe, fast wie neulich Beba und ihre Anstifterin Katarina.

Paula ist zwanzig Jahre jünger als Tante Ruža und gehört zur leichtsinnigen Kriegsgeneration. Sie hat selbst mit dem Krieg zu tun: wenn das Gespräch auf ihr Leben und Schicksal kommt – was unvermeidlich nach fünf Minuten geschieht –, hebt sie den Rock oder streift den Hosenbund herab und zeigt eine tiefe, von einem faschistischen Geschoß herrührende Narbe im fetten Fleisch des linken Oberschenkels; dann zieht sie aus einer Schublade der Küchenkredenz das Attest über den Prozentsatz ihrer Invalidität, über ihre Pension aufgrund der Verwundung und über die monatliche Sozialhilfe. Obwohl man mit Recht argwöhnen kann, daß sie sich die Verletzungen eher in unkriegerischen Auseinandersetzungen zugezogen und ein Verdienst daraus gemacht hat, weil das Regime geneigt ist, sich seiner Opfer zu rühmen, ist ihr echtes oder falsches Opfer die stolze Grundlage für die Unbekümmertheit, mit der Paula ihre verbotenen Geschäfte betreibt.

Das Haus, in dem sie das tut, ist dreistöckig und steht mitten im Zentrum, in einer der verkehrsreichsten Straßen der Stadt; Paulas Mansardenwohnung besteht aus einer Küche links und einem Zimmer rechts von dem Podest mit der Stahltür zu dem allen Mietern gemeinsamen Dachboden. Die Mädchen und Gäste, die zu ihr kommen, müssen also eine chaotische, in die Höhe gestreckte Siedlung mit vielen Familien durchqueren, deren von Kinderscharen begleitete Mütter häufig die Treppen bis hinauf zum Boden bevölkern. Dabei sehen sie den verdächtigen männlich-weiblichen Verkehrsfluß Richtung Mansarde, hören von dort vielstimmige Gespräche, Gelächter, betrunkenen Gesang, Fetzen von Verabredungen, Schlüsselknarren, eilig schlurfende Schritte, Scheppern von Waschschüsseln, und das entsetzt sie, so daß sie ihren Männern, ehrsamen Angestellten, von denen einige auch einflußreich sind, zum Mittagessen ihre Besorgnis um das moralische Wohlergehen des Söhnchens oder Töchterchens servieren. Bisweilen veranlassen die Klagen einen gereizten Vater, seinen Freund bei der Abteilung Inneres anzurufen; dann erscheinen bei Paula Milizionäre und kontrollieren Ausweise; sie bekommt eine Vorladung zum Richter, wo sie erbittert leugnet, sich an die Brust schlägt, um ihre Ehrbarkeit zu beteuern, behauptet, von Neidern verleumdet worden zu sein, sich auf ihre fortschrittliche Einstellung beruft und notfalls auch schamlos die Narbe in all ihrer Offensichtlichkeit vorweist.

Sie begreift diese Zusammenstöße als unvermeidliches Unrecht und erträgt sie lieber, als daß sie sich entschließen könnte, die in ihren Räumen überschäumende Sinnenlust ein wenig zu dämpfen. Dazu fehlt ihr die Tatkraft: an ihrer Tatkraft zehrt eine Krankheit, nicht jene erfundene im Zusammenhang mit der Narbe, sondern eine echte, die sich in schwerem Kopfschmerz und Schwäche äußert – und ihr eigenes Liebesleben. Sie hat nämlich immer einen Liebsten, und zwar in der Regel einen verheirateten Mann oder einen Reisenden oder einen Herumtreiber, einen also, der nur hin und wieder vorbeischaut und ihrer empfindsamen Natur reichlich Gelegenheit läßt, sich zu quälen und dahinzuschmelzen. Der jetzige Galan, ein junger Bursche, leistet seit kurzem seinen Militärdienst in einer entlegenen Stadt, und der Kontakt mit ihm ist auf Pakete und Briefe beschränkt. Paulas schwacher, von Leidenschaften und Krankheit untergrabener Verfassung tut das beinahe wohl: sie kann über weiten Gefilden dahinschweben, den Sinn unklarer Botschaften enträtseln, vom baldigen Wiedersehen träumen.

Sie sitzt blaß und trotz Kopfweh selig auf einem

Küchenschemel an der Wand, leicht vorgebeugt, die plumpen Beine in eine Männerhose gezwängt, die schlaffen Brüste von einem schlottrigen Pullover und den Kopf von einem Tuch verhüllt, und hält sich ein Blatt kariertes, mit Tintenstift beschriebenes Papier vor die kurzsichtigen Augen. Sie liest laut den Brief, den ihr der Postbote eben gebracht hat. Die Gäste ringsum – zwei Musiker aus dem »Central« und drei Mädchen, die Brillenschlange, Roksa und eine kleine Neue, die Zigeunerin genannt – rauchen und schwatzen, schüren das Feuer im Herd, auf dem ein bosnisches Eintopfgericht schmort, und kümmern sich nicht um die gerührt buchstabierende Hausfrau.

Der Liebste hat das Paket erhalten, das Roksa vor zehn Tagen aufgegeben hat; er bedankt sich, lobt ausführlich den Wohlgeschmack von Schinken und Schnaps und Strudel, schwört Treue. Sobald ihr der Sinn eines Satzes klar wird, hebt Paula die Stimme und fordert die Anwesenden auf, ihn noch einmal zu hören; für einen Moment verstummt das Stimmengewirr, und Gäste und Mädchen nehmen belustigt und augenzwinkernd die fadenscheinigen Schmeicheleien zur Kenntnis. Dann ergeben sie sich wieder dem unverbindlichen Geplauder, den Neckereien und Scherzen in dieser geräumigen, gastfreundlichen Küche mit ihrem Geruch nach deftigem Essen, nach körperlicher Begierde, nach Geld, nach Leidenschaft, die leicht und ohne Verantwortung zu wecken und zu stillen ist – nach dem, was dieses Paradies des flüchtigen Selbstvergessens so anziehend macht.

Wird sich ein Paar einig, streckt Paula ein Bein vor, um den Zimmerschlüssel aus der Hosentasche hervorzugraben; wenn die Liebenden zurückkommen, wird der Schlüssel unter derselben Bewegung zusammen mit dem Trinkgeld wieder in der Tasche verstaut. Dabei ruht ihr zärtlicher Blick unverwandt auf dem Brief; er ist heute Paulas ganze Wirklichkeit, er verschlingt ihre ganze Aufmerksamkeit und schiebt sanft die rauhen Zusammenstöße mit der Gesellschaft beiseite, die eine stärkere Natur schon längst zerbrochen hätten.

Devićs Frau war mit Sohn und Tochter übers Wochenende zu Verwandten gefahren, also beschloß er, die leere Wohnung zu nutzen. Nur schien es ihm nicht verlockend, eine Frau zu sich einzuladen, mit der er bereits zusammengewesen war und mit der er sich auch andernorts treffen konnte. Am Samstag nach der Arbeit machte er Halt vor der Kavalleriekaserne, wo Katarina regelmäßig mit ihren Kochgeschirren vorüberkam. Er paßte sie ab, vertraute sich ihr an und erhielt die Zusage, daß er am Abend ein neues Mädchen haben werde.

Er wartete also um sechs, wie verabredet, in dem kleinen Park mit dem Brunnen hinter der Kaserne. Katarina und das Mädchen kamen nicht. Er spazierte unermüdlich durch den ziemlich kalten Märzabend, während sich die Dunkelheit auf Sträucher und Bäume senkte. Dann ruhte er sich auf verschiedenen Bänken aus. Dann näherte er sich den Parkeingängen, obwohl sie gut beleuchtet und von jedem Punkt einsehbar waren. Er redete sich ein, Katarina habe das Mädchen allein hergeschickt, und er müsse es an seinem Verhalten erkennen; so lief er jeder Frauengestalt nach, die auf einem der Parkwege erschien, und starrte ihr ins Gesicht. Als schließlich die Turmuhr drei Viertel nach sechs schlug, beschloß er zu gehen, aber nicht nach Hause, dazu war er zu unruhig, sondern ins Café »Vojvodina«, wo sich Katarina gern aufhielt, wenn sie Geld hatte.

Mit zwei Glas Vinjak wärmte er sich ein wenig die Knochen, aber Katarina war nicht zu sehen. Er machte sich wieder auf die Suche.

Zuerst kehrte er in den Park zurück und ging die verlassenen Wege ab, dann begab er sich zu Katarinas Wohnung, obwohl sie ihres Mannes wegen niemanden bei sich empfing. Das Fenster zur Straße war dunkel; dennoch klopfte Dević, ohne Rücksicht darauf, daß er den kranken alten Mann stören könnte. Als niemand auf sein Klopfen reagierte, entfernte er sich. Da ihm einfiel, daß Katarina neuerdings bei Paula verkehrte, begab er sich dorthin, umrundete den Häuserblock, stellte fest, daß beide Mansardenfenster beleuchtet waren, bog in die belebte Zmaj-Straße ein und schlüpfte ins Haustor.

Er betrat dieses Haus ungern, weil er fürchtete, von jemandem aus der bunten Schar der Mieter und Besucher erkannt zu werden; unbemerkt bis zum letzten Treppenabsatz gelangt, klopfte er an die Küchentür, folgte aber nicht der Aufforderung zum Eintreten, sondern rief Paula beim Namen. Sie steckte den Kopf durch den Türspalt, folgte widerwillig seinem stummen Wink, herauszukommen, und erklärte auf seine Frage, Katarina sei nicht bei ihr. Dević wandte sich zum Gehen: es war das klägliche Ende eines erregt begonnenen Abenteuers.

Doch da sah er im hellen Treppenhaus, daß ihm irgendwo zwischen dem zweiten und dritten Stock Katarina entgegenkam. Er blieb erwartungsvoll stehen, aber sie runzelte bei seinem Anblick abweisend die

Brauen und wies im Hinaufsteigen mit dem Daumen hinter sich. Sie gingen wie Fremde aneinander vorüber, und gerade als Dević das Haustor erreichte, begegnete er dort einem hochgewachsenen alten Mann in weitem, dunklem Mantel und einer starren Haltung gespielter, leicht durchschaubarer Nachlässigkeit.

Es war nicht schwer zu erraten, daß Katarina ihn wegen der Verabredung mit dem Alten versetzt hatte, die ihr mehr Geld bringen sollte, und daß aus demselben Grund auch Paula eben so wortkarg gewesen war. Das schmerzte Dević, und es beruhigte ihn zugleich: entscheidend war also Geld, ein Mittel, dessen auch er sich zu bedienen verstand. Er trat auf die Straße, blieb in der Nähe des Hauses und tat, als betrachte er die Auslagen, bis er den Alten im weiten Mantel und etwas nach ihm Katarina aus dem hellen Hausflur kommen sah. Er näherte sich ihr – zum erstenmal an so belebtem Ort – und machte ihr mit beherrschten Gesichtszügen, um seine Erregung nicht zu verraten, die gebotenen Vorhaltungen. Natürlich wußte sich Katarina zu rechtfertigen: sie hatte das Mädchen, das ihm zugedacht war, nicht angetroffen. Als er fast stöhnend vor Erbitterung ein Trinkgeld in doppelter Höhe versprach, sah sie ihn ernst an und dachte nach. Sie sagte, daß Envera, das Mädchen, das bei Paula verkehrte, den Besuch ihrer jüngeren Schwester aus Bosnien bekommen habe, und daß Paula, die bei Envera ein und aus ging, ihm diese Schwester vermitteln könne. Und sie streckte die Hand nach dem bereitgehaltenen Geldschein aus.

So mußte er weiter warten, bis Paula, von Katarina instruiert, herunterkam, denn er selbst hatte nicht mehr den Mut, zur Mansarde hinaufzusteigen. Wieder spazierte er auf und ab, nur jetzt in der dunklen

Nebenstraße hinter dem Gebäude, und starrte aus Angst vor neuerlicher Täuschung unverwandt zu den erleuchteten Fenstern im dritten Stock hinauf. Aber Paula kam, ohne daß oben das Licht erloschen wäre; sie zitterte unter dem Mantel, den sie aus Faulheit nur über die Schultern geworfen hatte, sie jammerte, weil sie nachts das Haus verlassen, zu ungelegener Zeit bei dem Unteroffizier eindringen, die Schwägerin unter einem Vorwand herauslocken mußte – was Dević gebefreudig stimmen sollte, und er wußte es. Aber er machte sich darum keine Gedanken: er versuchte sich an Envera zu erinnern, mit der er zwei-, dreimal zusammengewesen war, um sich ein Bild von ihrer jüngeren Schwester zu machen. War sie voller oder noch magerer als Envera? Kleiner, größer? Die Fragen beunruhigten ihn zu sehr, als daß er sie laut auszusprechen und damit Paulas Gezeter zu unterbrechen wagte; er hastete einen halben Schritt vor ihr her und spähte mit brennendem Blick ins Dunkel.

Bei einem Brunnen an der Ecke vor einem unförmigen ebenerdigen Haus machten sie halt. Paula bat Dević leise, sich etwas zu gedulden, und verschwand in dem unbeleuchteten Haustor. Er trat zurück in den Schatten der Häuser und wartete weiter. Hin und wieder kam eine Frau zum Brunnen, beugte sich wie auf einer Bühne über die Pumpe und weckte das Begehren in Dević. Aus dem Dunkel näherte sich eine zweite, die erste richtete sich auf, sie sprachen miteinander, ihre leisen Stimmen ließen ein Geheimnis ahnen. Er hätte jetzt jede genommen, es war nicht mehr wichtig, wie das ihm versprochene Mädchen sein würde, denn schon ihr Frausein garantierte ihm, daß er in den Strom des Liebeserlebens eintauchen konnte, der das Abenddunkel um ihn erfüllte.

Da trat das Mädchen hinter Paula aus dem Schlund des Haustors. Sie war jung, klein und zart, soviel konnte er im Schein der Straßenlaterne erkennen; sie trug keine Kopfbedeckung und hatte nur einen grünen Pullover über ihr Kleid gezogen. Er ging schnell näher, drückte Paula Geld in die Hand und forderte die Unbekannte heiser auf, ihm zu folgen.

Sie schlugen den Weg zu seiner Wohnung ein, mitten auf der Fahrbahn, nebeneinander, ohne sich zu berühren. Das Mädchen schwieg, wie auch er, und in diesem Schweigen, dieser Abwesenheit von Neugier, Mißtrauen und Angst spürte Dević die Fügsamkeit des jungen Wesens, das ihm nun schon unwiderruflich gehören würde. Es war einer jener Augenblicke äußerster emotionaler Klarheit, die Dević zur Suche nach immer neuen Kontakten trieben und deren Wahrhaftigkeit und Kraft er durch den Gedanken an den eigenen Tod zu überprüfen pflegte. Während er zitternd an der Seite der Fremden nach Hause ging, versuchte er sich auch diesmal die Szene zu vergegenwärtigen: er, ausgestreckt, zu schwach zum Aufstehen, dazu verurteilt, seinen körperlichen Schmerzen zu erliegen. Aber das Bild der eigenen Agonie erschien auch diesmal unwirklich, undenkbar: er spürte nur das Mädchen neben sich, ihren Atem, ihren leichten Schritt, musterte verstohlen das schmale, junge Profil im Licht der Straßenlaternen und dachte immerfort: Das ist die Erlösung. Das entschädigt für alles.

Er führte sie behutsam ins Haus, in den gepflegten Hof, in die saubere, mit Gegenständen gefüllte Wohnung, die nach frischer Luft und Wohlstand duftete, und als er Licht machte, fühlte er zum erstenmal seit vielen Jahren Stolz auf seinen Besitz. Er schloß die

Tür ab, kontrollierte, ob die Vorhänge fest zugezogen waren, und wandte sich dem Mädchen zu. Sie stand wartend mitten im Zimmer, die Hände vor dem mageren Bauch gefaltet, wo das Kleid ein wenig spannte.

Sie hatte einen schlanken, festen Mädchenkörper, einen dünnen, langen Hals, einen etwas zu großen Kopf, wie ein Kind, mit runder Stirn, unter der schräge Augen leuchteten – die Augen ihrer Schwester Envera, nur groß und sanft, mit aufmerksamem Blick. Ihre Haltung war natürlich und gefaßt: sie betrachtete eingehend die schönen Dinge, die sie umgaben, stellte aber keine Fragen; sie zog sich auf seinen Wink umständlich und ohne Scheu aus und kroch vorsichtig unter die Steppdecke auf der Couch; aber als Dević sich zu ihr legte, bat sie ihn, das Licht zu löschen.

Es war die Befangenheit der Jugend, und Dević tat ihr den Gefallen fast gerührt; er bereute es nicht, denn in der Dunkelheit, die beide plötzlich verschlang, erwiderte das Mädchen seine Küsse und Umarmungen mit dem fürsorglichen Eifer, ihn in allem zufriedenzustellen. In einem Moment, als ihr seine Leidenschaft nachzulassen schien, hielt sie sogar in halber Bewegung inne und fragte mit tiefer, ängstlicher Stimme: »Sind Sie müde?«, was ihm so viel neue Kraft und Begierde verlieh, daß sie unter seinem Zugriff stöhnend flüsterte: »Wenn ich doch so einen Mann hätte!« Aber das war alles. Als er seiner Lust Genüge getan hatte und die Lampe einschaltete, stand sie auf und zog sich leise an. Sie fragte, wie spät es sei, und erklärte, sie müsse sich beeilen, weil die Schwester sonst Ärger mit ihrem Mann bekäme. Es war bereits halb elf.

Die Banknote, die Dević ihr reichte, behielt sie zusammengefaltet in der Hand. Sie ließ sich auf die Wange küssen und hörte sich seine Anweisungen an, wie sie das Haus unbemerkt verlassen könne. Mehr sprachen sie nicht miteinander. Dević hatte zwar vorgehabt, sich mit ihr zu verabreden, aber er zögerte. Er war nicht sicher, daß sich diese einzigartige Harmonie zwischen seinem Begehren und ihrer Willfährigkeit wiederholen würde, die vielleicht den besonderen Umständen dieser Begegnung und seiner durch das Warten bis zum Schmerz gesteigerten Begierde geschuldet war.

Als sie ihn verlassen hatte, zog er den einen Fenstervorhang zurück und blickte ihr nach. Sie ging mitten auf der Straße, allein, leichtfüßig. Dann wandte er sich zum Zimmer mit dem zerwühlten Bettzeug und den beiseite geschobenen Stühlen um. Er genoß diese Spuren ihrer Anwesenheit, als ob sie eine neue Umarmung verhießen.

Seit Bebas Flucht mit Mijušković ist Miluškas Haus verwaist. Niemand kommt mehr zu ihr, seit kurzem nicht einmal jene, die bereit waren, mit ihr Wein zu trinken und gemeinsam den Verlust zu bejammern. Sie wollen sie vergessen und andere Häuser aufsuchen, wo es noch anziehende und zugängliche Frauen gibt, aber sie nimmt das nicht ohne weiteres hin. Trifft sie jemanden aus ihrem früheren Kreis auf der Straße oder beim Einkauf, bittet sie ihn beiseite und teilt unter vorsichtigen Blicken flüsternd mit, sie habe einen Ersatz für Beba, und zwar sage und schreibe »eine Italienerin«.

Die Italienerin kann, falls nötig, sofort herbeigerufen werden, denn sie wohnt im Nachbarhaus und ist allein, frei und willig, jedem Interessierten Gesellschaft zu leisten. Das bestätigt sich, sobald sie wirklich eintrifft, die starken Beine in fleischfarbenen, seidenen Kniestrümpfen, um die Schultern eine rosa Pelerine aus einem amerikanischen Paket; dick und stramm, sieht sie in dieser Verkleidung aus wie ein Ringer mit Kinderkopf oder wie ein rasiertes und weißgeschminktes Schweinchen. Aber ihr Äußeres verblüfft nur den Gast, nicht Miluška, deren bedeutungsschwerer Blick von der auf der Schwelle stehenden Italienierin zu ihm herüberwandert und mahnt: Nichts übereilen! Das Wichtigste kommt erst noch.

Und das Wichtigste, das ist die Lebensgeschichte der Italienerin, die nicht ihresgleichen hat in dieser kleinen Welt, eine Geschichte, von der Miluška, seit sie sie zum erstenmal hörte, wie behext ist, von ihr und der Hoffnung, ihr Glanz werde den vielleicht beklemmenden, jedoch oberflächlichen Eindruck zerstreuen, den der Anblick des Mädchens beim Gast hinterlassen hat. Kaum daß die Italienerin die Pelerine abgeworfen und in ihrem kurzen schwarzen Seidenkleid, das ihre festen Rundungen glänzend betont, schwungvoll am Küchentisch Platz genommen hat, folgt die ungeduldige, fast vorwurfsvolle Aufforderung: »Nun red schon! Erzähl dem Herrn etwas!« Worauf die Italienerin nickt, sich die aufgeworfenen Lippen leckt und den pausenlosen Wasserfall eines Abenteuers im Weltmaßstab hervorsprudelt.

In dieser Abenteuerstory ist die Italienerin der Sproß einer angesehenen Kaufmannsfamilie; aufgewachsen im Luxus, mit Zofen und Gouvernanten, hat sie ein sorgloses und fröhliches Leben geführt, bis sich ihre Eltern scheiden ließen. Der Vater ist nach Italien gegangen und hat dort seinen Reichtum gemehrt, wovon er die Familie jedoch erst in Kenntnis setzte, als sie, seine einzige Tochter, volljährig geworden war. Er hat sie zu sich nach Italien geholt, wo er Spielbanken für die reichsten Leute unterhält, und ihr einen Überfluß geboten, wie er nicht einmal im Film zu sehen ist. Morgens haben sie in seidenen Betten Champagner getrunken, mittags und abends in den teuersten Restaurants gespeist und jede Nacht in Bars oder den väterlichen Kasinos verbracht. Sie ist nur zurückgekommen, weil ihr Paß abgelaufen ist und sie ihre Mutter um keinen Preis hier allein lassen will. Sobald sie alle Dokumente zusammenhaben, gehen sie beide zum Vater nach Italien oder vielleicht nach Südamerika, wo sie ebenfalls Verwandte haben, von denen sie ständig eingeladen werden.

»Inzwischen arbeite ich als Sängerin«, tönt die Italienerin, ohne mit der Wimper zu zucken. Momentan sei sie zwar ohne Engagement, sagt sie, nachdem sie ihren Vertrag mit dem »Esplanade« in Zagreb habe aufkündigen müssen, weil die Leitung des Hotels sich nicht an die Bedingungen gehalten habe. Man habe ihr ein schlechteres Zimmer als vereinbart gegeben, die Gage gekürzt, und das angemietete Orchester sei nicht auf dem ihr angemessenen Niveau. Da sei sie schon lieber nach Hause gekommen – natürlich auf Kosten des »Esplanade« und nur für die Zeit bis zum Beginn des nächsten Engagements, für das sie den Vertrag bereits in der Tasche habe. Die Abendgarderobe hänge im Schrank bereit, die zwei, drei Wochen könne sie unbesorgt abwarten.

Die Geschichte fließt ohne Ende dahin, begleitet von Miluškas entzückten Blicken, die dem Gast Anerkennung abfordern. Um die schrille Stimme zum Schweigen zu bringen, fügt er sich schließlich: er nutzt die erste Pause im Bericht der Italienerin, um sie ins Zimmer zu bitten. Dort ist es schauerlich kalt, weil die Tür seit Bebas Verschwinden nicht geöffnet wird, die Bettwäsche ist feucht und klamm, der nackte Körper der Italienerin wie ein aufgeblasenes Gummikissen, aber all das ist besser als das Gewirr ihrer Abenteuer, von denen dem Gast der Kopf schmerzt und Pünktchen vor den Augen tanzen. Auch wenn er aufsteht, ist er noch immer verwirrt von dem, was er vor dem Hinlegen gehört hat, und ohne jemanden anzusehen, wirft er Geld auf den Küchentisch, zieht sich den Hut in die Stirn und flüchtet. Gleich darauf geht auch die Italienerin in ihrer Pelerine und mit ihrem Anteil am Verdienst, obwohl Miluška ihr zuredet, zu bleiben und etwas mit ihr zu trinken. Nein, der Italienerin liegt nichts am Trinken, sondern nur am Glanz; sie wird ihr Geld am Abend im Café ausgeben, wo die Kellner sie umschwirren, wo eine Jazzband spielt und wo sie vielleicht einen Fremden trifft, dem sie ihre erstaunliche Geschichte erzählen kann.

An einem regnerischen Abend stapfte Dević von einer Sitzung nach Hause. Die Straßen waren dunkel; die Lampen hinter dem Schleier der Tropfen schwankten wie betrunken; die wenigen Passanten eilten in Regenmänteln und unter Schirmen geduckt ihres Weges.

Von der sinnlos vertanen Zeit, von all dem Gerede, vom Zigarettenqualm tat ihm der Kopf weh, aber er entsann sich an den Auftrag seiner Frau, auf dem Heimweg Halva aus Leinsamen für die Kinder zu besorgen. Er betrat die Konditorei »Aquarium« mit dem unangenehmen Gedanken, daß er, um an das Geld in der Anzugtasche heranzukommen, den nassen Mantel berühren mußte.

An einem Tischchen in der Konditorei saß Katarina. Als einzige im ganzen Lokal. Dević grüßte, ohne nachzudenken. In dem Moment erschien der Besitzer, Dević sagte, was er wünschte, nahm die Halva und bezahlte. Aber Katarina war aufgestanden und näherte sich mit vielsagendem Lächeln.

Aus Angst, jemand könne kommen und ihn im Gespräch mit ihr ertappen, machte er ihr ein Zeichen, ihm zu folgen. Er verließ die Konditorei und verbarg sich in der Kinopassage gleich daneben. Eine Minute später kam Katarina. Während aus dem Kinosaal gedämpfte Musik und unverständliche Rufe drangen, hatten sie ein kurzes Gespräch.

In Katarinas vortretenden grünen Augen lag jetzt neben der Gier ein unterwürfiger Glanz von Weiblichkeit. So hatte sie ihn lange nicht angesehen, denn seit sie für ihn vermittelte, bestand zwischen ihnen das schweigende Einverständnis, daß sie als Mann und Frau nichts füreinander bedeuteten. Und der durch ihren veränderten Blick beunruhigte Dević empfand schaudernde Angst, als sie sagte: »Ich suche schon seit zehn Tagen nach dir.« – »Nach mir?« – »Ja«, entgegnete Katarina lächelnd. »Sie gibt mir keine Ruhe. Du weißt, wer. Enveras Schwester. Emina.« Und da Dević jetzt endlich begriff und verwirrt den Blick senkte, flüsterte sie: »Sie hat sich in dich verliebt und wartet auf dich. Ich soll dich unbedingt zu Paula schicken. Du brauchst auch nichts zu bezahlen, sagt sie. Sie möchte nur mit dir zusammensein.« Dann lauter: »Hast du eine Zigarette?« Während er in seinen Taschen suchte, fuhr sie fort: »Du kannst mir auch ein paar Dinar fürs Kino geben. Ich bin völlig blank.« Er gab ihr etwas, dankbar, stumm, und rannte dann nach einem Kopfnicken hinaus in den Regen. Nein, niemand hatte sie gesehen – der Wasserschwall überspülte eine menschenleere Straße. Er machte sich auf den Heimweg, stolpernd vor Stolz: er hatte eine Liebesbotschaft erhalten, die erste seit vielleicht zehn oder fünfzehn Jahren.

Quellenverzeichnis

Gustaw Herling, *Das venezianische Porträt*, Erzählungen; ausgewählt und aus dem Polnischen übersetzt von Nina Kozlowski, München 1996.

Peter Hoeg, *Geschichten aus einer Nacht* (Originalausgabe: *Fortaellinger om natten*, Kopenhagen 1990); aus dem Dänischen von Monika Wesemann, München 1996.

Antonio Tabucchi, *Der schwarze Engel* (Originalausgabe: *L'angelo nero*, Mailand 1991); aus dem Italienischen von Karin Fleischanderl, München 1996.

Aleksandar Tišma, *Die wir lieben* (Originalausgabe: *Koje volimo*, Svjetlost, Sarajevo 1990), aus dem Serbokroatischen von Barbara Antkowiak, München 1996.